魚住りえ
アナウンサー

たった1分で会話が弾み、印象まで良くなる聞く力の教科書

東洋経済新報社

はじめに

★聞き方は「たった1日」どころか、「たった1分」で驚くほど変わる

みなさんこんにちは、アナウンサーの魚住りえです。

私の初の著書『たった1日で声まで良くなる話し方の教科書』（以下、『話し方の教科書』）がおかげさまで**15万部を超えるベストセラー**となり、本当にたくさんの人に読んでいただくことができました。心から感謝しています。

本書は「話し方」に続いて**「聞き方」「聞く力」についてのテキストブック**です。

『話し方の教科書』を出版して以来、企業や団体など、さまざまなところから「話し方」についての講演に呼んでいただく機会が増えました。

その際に「聞き方についての話も入れてほしい」「上手な聞き方も知りたい」とリクエストされることがとてもたくさんあり、**「みなさん、『話の聞き方』についても悩んでいるんだな」**と実感しました。

たとえば、みなさんのまわりに、次のような人はいないでしょうか？

- **悪い人ではないのに、話をしていて楽しくない、イラッとすることもある**
- **仕事はできる人なのに、なぜか人望がなく、出世もしない**
- **頭がよくて美人・イケメンなのに、なぜかモテない、友達も少ない**

もしかすると、ご自身がこうしたモヤモヤを抱えているという方もいらっしゃるかもしれません。

逆に、そんなに際立ったアドバンテージがないのに、なぜか人に好かれたり、モテモテだったり、仕事がうまくいく人っていますよね。

じつは**この違いこそが、本書のテーマである「聞く力」**なのです。

聞く力をつければ、まわりに人が集まってくるし、情報も得られます。人間関係が円滑になり、必ず仕事もうまくいきます。

そしてもちろん、モテるようにもなります！

つまり、**聞く力があれば人生はいっきに開ける**んです。**「聞くこと」は「話すこと」と同じぐらい、時にはそれ以上に重要**なのです。

「聞く力」といっても、魚住式メソッドは、相手を感心させるような受け答えをしたり話術を磨いたりしなくても、「いますぐ」できることばかりです。

話し方は「たった1日（で変えることができる）」でしたが、聞き方は1日どころか「たった1分」で変えられるのです。

★誰もが自分の話を「聞いてほしい」

友人や会社の仲間などと過ごすとき、あなたは「話す側」と「聞く側」、どちらが多いですか？

私が思うに、**ほとんどすべての人が「自分の話を聞いてほしい」**のです。

「自分を表現したい」「自分の思いを伝えたい」という気持ちを誰もがもっています。

なかには「無口な人」「口数の少ない人」もいますが、そういう人も多くの場合、「言

▼
「聞く力」を磨けば、
人生は驚くほどうまくいく！

葉で表現するのが苦手」というだけで、自分の話をしたくないわけではないはずです。

それが証拠に、口数の少ない人も、自分の得意な話、たとえば、趣味の話や仕事の成果、楽しかった旅行の話などになると、一転して饒舌《じょうぜつ》になったりすることがあります。

あるいは、普段はあまり愛想がよくないのに、お酒を飲むと自己解放が起こって、人が変わったようにペラペラしゃべって笑い転げるという人もいます。

【無口な人】への聞き方は168ページで述べていますが、どんな無口な人でも絶対に「しゃべりたいポイント」をもっています。

ですから、**人の話にしっかり耳を傾けて聞くことは、その人の根源的な欲求にこたえることになる**わけです。

それは同時に「その人を受け入れる」「その人に対してOKを出す」ということにもなります。すると相手はこちらを信頼してくれて、いい関係を築くことができます。

それが仕事の場なら、ビジネスが円滑に進むし、プライベートで「ちょっと気になる人」だったら、「この人、ステキだな」「この人と、もっと話したい」と思ってもらえる可能性もぐんと高くなります。

友達関係だって、話をきちんと聞いてくれる人はみんなに好かれるし、相談事を受ける機会も多くなります。

私の知り合いのAさんは、どちらかというと物静かで口数が少なく、自分から人に積極的に話題を振って会話を進めるタイプではありません。

でも、まわりの人はみんな「Aさんにはつい、いろいろ話をしてしまうんだよね」といいます。

Aさんは何か特別な受け答えをしているわけではなく、ニコニコして相手の話を聞いているだけ。適度にあいづちは打つし、意見を求められれば答えますが、基本は「聞き役」で、自分の話はあまりしません。

でもその結果、Aさんのまわりには、いつも人が集まってきます。

「この人なら話を聞いてくれる」という思いがまわりの人にあるからだと思います。

〝人気〟が高じて、飲み会などの集まりに、やたらと呼び出されて困ることもあるようですが……。

でも、Aさんはいつも人に囲まれて楽しそうで、味方も大勢います。

言い方は適切でないかもしれませんが、とてもトクをしている人生だと思うのです。

コミュニケーションにおいては「話す」よりも「聞く」ほうが絶対にトクです。**「聞き上手」の人ほど、必ず人間関係が良好**になるからです。

★魚住式「聞き方メソッド」の3大柱とは？

では、ビジネスや日常会話に使える「聞く力」は、どうすれば身につけることができるのでしょうか。

「聞く力をつける」といっても、「こういうときにはこう対応する」という内容的なことを追うと、ケースバイケースになってしまい、応用が利きません。

魚住式「聞き方メソッド」では、いつでも誰でもできるものだけを厳選しているのが最大の利点です。また、**「話すスピード×声のトーン」という音声表現を取り込んでいることも、他書にない本書だけの特徴**だと思います。

本書では聞き方のメソッドを**「あいづち」「態度・しぐさ」「質問力」の3つの柱に分け、全体で50のコツに集約**しています。

❶ あいづち

会話が弾むかどうかは「あいづち」で決まると言っても過言ではないほど、あいづちは重要です。

あいづちが下手だと、話し手は「話したい気持ち」を失ってしまいますよね。**「聞き上手」の秘密はあいづちにある**と私は思っています。

ところが、あいづちの上手な打ち方は誰も教えてくれません。その結果、第3章で取り上げるような相手を不愉快にさせる「NGあいづち」が氾濫しています。

本書は「魚住式あいづちスキル」をすべて公開しました。

これを実行するだけでも、見違えるように「聞き上手」になれるはずです。

❷ 態度・しぐさ

話を聞くときの「態度・しぐさ」は、時として言葉以上に大切です。英語で**「ノン・バーバル（non-verbal）＝非言語」**と呼ばれるものです。

どんなに完璧な受け答えをして、完璧なあいづちを打ったとしても、「話をしている間に一度も目を合わせなかった」としたら、すべて台無しになってしまいますよね。

本人は気づいてなくても、相手を不愉快にさせてしまう態度やしぐさは数多くあるも

▼

「あいづちの上手な打ち方」を
ここまで解説した本は初めて！

のです。

でも、これもあまり教えてくれるところはありません。あっても、「失礼にならない態度」といったマナーとしてのノウハウくらいです。

本書では、**私が実践から学んで、系統化した「態度・しぐさ」をすべて紹介します**。ちょっと意識するだけで、ぐんと好感度が上がること間違いなしです。

❸ 質問力

魚住式「聞き方メソッド」3つ目の柱は「質問力」です。

「質問」は会話において必要不可欠の要素です。「上手な質問」ができれば話が弾むし、相手からいろいろな話を聞き出せたりします。

ところが、私たちは普段の生活で「質問」についてはほとんど意識しないものです。**「あいまいな質問」**をしてしまったり、相手の望まない**「ズレた質問」**をしてしまうことも少なくないと思います。

質問について学び、「いい質問」ができれば、話の内容は段違いに深まります。

▼
何気ない「態度・しぐさ」で相手を不愉快にさせていませんか?

★私も最初は「聞き下手」だった――ある歌番組での失敗

私が「聞き方」の重要性を意識しはじめたのは、やはりアナウンサーになってからです。

アナウンサーは「話し方」の専門家と思われるかもしれませんが、じつは**「聞くこと」のスキルが求められるのもアナウンサーの仕事**なんですね。

というのも、用意された原稿を読み上げるだけではなく、番組やイベントのMC(司会)、著名人やスポーツ選手へのインタビューなど、**アナウンサーの仕事には「聞く」要素がとても多い**からです。

でも「話し方」こそ徹底的に学びましたが、「聞き方」についてはとくに誰も教えてくれません。OJT(On-the-Job Training)ではないけれど、自分でひとつひとつ経験して学ぶしかありませんでした。

▼

「あいまいな質問」「ズレた質問」で相手を困らせていませんか?

りえの
失敗エピソード

テレビ局に入社し、アナウンサー2年目のこと。

生放送の歌番組で、超人気ロックグループのボーカルの方にインタビューする仕事がありました。

そのグループの新曲について話を聞いて、それから演奏という流れです。生中継のインタビュー時間は2分ほどでした。

そこで私はいきなり、こう言ってしまったんです。

「今度の新曲はロンドンでレコーディングなさったんですよね」

「あ、はい、そうです」

「………」

ガーン、大失敗です。

番組と会話を盛り上げるためには、「ロンドンでレコーディングしてきた」という話を、「本人に」語ってもらわなければいけないのです。

持ち時間が2分ですから、その時間内で相手にいかに話をしてもらうかがテレビの勝負どころ。にもかかわらず、私が最初に「答え」を言ってしまったので、話の進みようがないのです。

そのボーカルの方はとてもいい人で、ずっとニコニコしてくれていま

先に答えを
言っちゃった…
London..?
Yes...

したが、ほとんど話が盛り上がらないまま、曲に移ってしまいました。

あとからプロデューサーにこっぴどく怒られた挙句、このインタビューのことが週刊誌で叩かれてしまったんです。

「魚住りえはインタビューが下手！」

泣きっ面に蜂とは、まさにこのことです。

★張り切って「話をしすぎて失敗」したことも

いま紹介したのは、第5章で後述する**「答えを先に言ってしまう失敗」**ですが、これとは別に**「話をしすぎて失敗」**したこともありました。

私は日本テレビの番組『所さんの目がテン！』で長くアシスタントをつとめさせていただきましたが、あれは忘れもしない、最初の打ち合わせの日のことでした。
これもまだ入社2年目のことです。

所ジョージさんを前に「こんな大スターと一緒にお仕事をさせてもらうなんて」と、私はとても緊張していました。

そして「初の打ち合わせなのだから、一生懸命、話をしなければいけない。いろいろ話すことでやる気を見せよう」と思って、ベラベラといっぱい話してしまったのです。

打ち合わせの最後に、所さんに「これから一緒にやらせていただくうえで、アドバイスをお願いします」と尋ねました。

すると、5秒ぐらい沈黙があって、そのあと出た言葉がこれでした。

「う〜んとね、しゃべらないで」

ハッとしました。そうだ、所さんの番組なのだから、彼に話していただかないと意味がないのです。

私が出しゃばって話をしすぎてはいけないんだと、そこではじめてわかりました。本当にありがたいアドバイスでした。

その後、始まった番組では私は進行役に徹しました。所さんは所さんらしさを全開に、イキイキと出演されておられたように思います。ご自分の意見もハッキリおっしゃっていました。

初対面では失敗してしまいましたが、続けるうちに、手前味噌ですが、私のことを信頼していただけたのではないかと思います。


このように、いろいろ失敗してきましたが、いま思えば、こうした**数々の「失敗した経験」があったからこそ、「聞き方」のスキルを磨くことができた**と思います。

もし私が最初から「聞き上手」だったら、聞き方の方法を工夫したり、研究したりすることはなかったと思うからです。

★「聞くこと」で人生がガラリと変わる!

「話し方」もそうですが、**「聞き方」については誰も何も教えてくれません**。

学校でももちろん教えてくれませんし、企業の研修でも普通はやりません。

聞き方を学ぶのは電話のオペレーターや心理カウンセラー、あるいはコーチングなどの講座ぐらいです。でも、それは専門的な聞き方であって、「日常会話」の聞き方とは少し違うものです。

▼
魚住式「聞く力」はたくさんの「失敗」から磨かれた

でも本当は「話し方」と同じで、**「どう聞くか」「何を聞くか」をきちんと学ぶ場所が必要**だと思います。

だからこそ、**「聞き方のテキストブック」**のつもりで本書を書きました。

「上手な聞き方」はいままで学ぶ機会がなかっただけで、本当は誰でもできることなのです。

「自分は人見知りだから相手と上手に会話ができない……」「私は人の話を聞くことが苦手で……」という方もいるかもしれません。

しかし、そういう人にこそ、お伝えしたいのです。

相手に好印象を与え、なおかつ自分にとってもいいことだらけの「聞き方」は、ちょっとしたコツと心構えでできるのです。

「この人と話すと楽しい！」と思ってもらえたら、その人の人生は必ずいい方向に流れていくはずです。

「聞くこと」で世界が広がり、人生が豊かになります。

そんないいことづくめの「聞く力」を、私と一緒に身につけていきましょう。

では、レッスンの開始です！

ちょっとしたコツで、誰でも「聞く力」は簡単に磨ける！

[目次]

たった1分で会話が弾み、
印象まで良くなる
聞く力の教科書

第1章……「嫌われる人のダメな聞き方」よくある7つの共通点 ――あなたは大丈夫？ 聞き方NG集 041

はいはいはいはい
フンフンフンフン

1秒待って
…。
なるほど

YURA
YURA

「いい質問」の極意

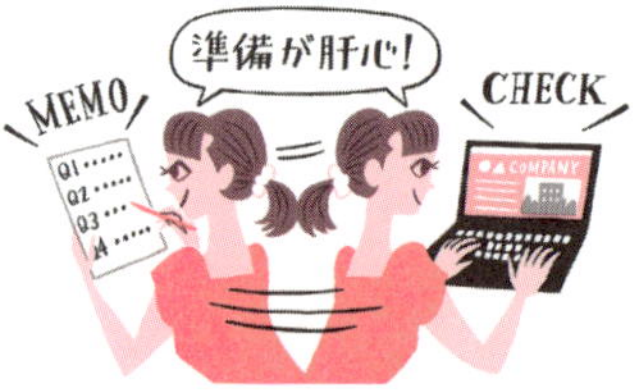
準備が肝心!
MEMO
Q1
Q2
Q3
Q4
CHECK
COMPANY

第6章……「よくいる困った人」への12の聞き方——ピンチをチャンスに変える！　151

Venezia
GOAL
キーワードで戻す！

序章

魚住式「聞く力」で、人生が劇的に変わる！

★魚住式メソッドは「相手に好かれる、好印象をもってもらう」聞き方

「聞き方」と一言でいっても、いろいろあります。

心理学の世界では**「傾聴」**といって、相手の話をより注意深く聞くためのテクニックがあります。カウンセラーはこれを使って相手の相談内容を掘り下げたり、心理状態を探っていったりします。

ジャーナリストや記者は、**ズバリ核心に迫る質問**をします。

それが「聞かれたくないこと」「答えたくないこと」で、相手が怒り出してしまっても、ズバズバ切り込みます。なかには、わざと相手を怒らせて、本音を引き出すという高等テクニックを使う人もいます。

魚住式「聞き方」メソッドには、そんな専門性の高いものや高度なテクニックは必要ありません。私が目指しているのは、**日常生活の中で誰もが使える「相手に好かれる、好印象をもってもらう」聞き方**です。

ジャーナリストでもカウンセラーでもない一般の私たちにとっては、**相手にリラックスしてもらい、いい雰囲気の中で話をしてもらう「聞き方」がいちばんいい**と思うから

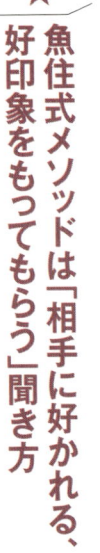

です。それは結果的に相手に好かれ、自分に対して好印象をもってもらえることにもつながります。

「今日はいい感じで話ができて気持ちがよかったな」「あの人とまた会いたいな、話したいな」と思ってもらえる、そんな「聞き方」です。

シンプルかつオーソドックスですが、これが**万人にとって最も使える方法**だと思うのです。

本書では聞き方の技術を3つの柱で説明していますが、その根底に流れるものがあります。それは「心」です。

私は**「聞くことは相手をもてなすこと」**だと思っています。

私の方法が学術的な聞き方と一線を画するのは、相手の話をしっかり聞き出すことができるというだけでなく、**場の雰囲気をよくして、「こちらに対してもいい印象をもってもらえる」**というところにあると思っています。まさに**「おもてなし」**です。

「相手をもてなす」という心をもって聞けば、たとえ上手な受け答えができなくても、気の利いたことが言えなくても、絶対に相手は嫌な気分にならないと思うのです。

魚住式「聞き方」なら、相手に好かれる、好印象をもたれる

★トップセールスマンの「聞き方の秘密」とは？

先だって、ある契約のために、その会社のトップセールスを誇る営業マンにお会いしました。その人は**業界でも有名な営業マン**ということでした。

そのトップセールスマンは、意外にも30代の若い男性だったのですが、とても気さくで親しみのもてる雰囲気でした。

でも、決してベラベラしゃべったりはしないし、「売りつけてやろう」などというところはみじんも感じられません。

では、この人の何がすごいかというと、とにかく私の話に真摯に耳を傾けてくれるのです。

仕事の話や老後の話に至るまで、とても親身になって聞いてくれます。あいづちの打ち方も適切で、こちらもよけいなことまで、つい話してしまうほどです。

私はその契約の件については完全な素人ですから、よくわかっていないし、変な質問もしたと思うのです。

でも、彼は私の意見を絶対に否定しないのです。

彼の口から「いや」「でも」「だから〜」「は？」というネガティブな言葉は一度も出てきませんでした。

私が間違っていても、まず私の話を「そうですね」と必ずいったん肯定で受けて、それから「自分はこう思う」という話し方をするのです。

「この人の言うことは間違っているから、言い負かしてやろう」などという気の強い感じはまったく見られません。

そして話をしっかり聞いてくれたうえで、的確なアドバイスをくれるのです。

そのアドバイスも、「自分のところと契約してほしい」というセールストーク丸出しではなく、「あなたの人生に必要なものを提供したい」という、プロの目線から、本当に損得抜きで言ってくれていることがわかるのです。

結局、どうしたかというと、その人と契約してしまいました。「この人なら信用できる」

「この人のすすめる契約なら間違いない」と心から思えたからです。

お会いする前は「トップセールスというからには、すごい勢いで売り込まれるのかな……」「マシンガントークがさく裂して、こちらの話す隙がないのでは？」などと少し構えてしまったのですが、完全に予想を裏切られました。

トップセールスマンのナンバー1たるゆえんは、じつは「聞く力」にあったのです。

★話の聞けるAさん、聞けないBさんが「手にするもの」の違い

私の目指す「おもてなしの聞き方」こそが、このトップセールスマンの聞き方にあります。

決して人を構えさせず、リラックスしてもらって、和やかな雰囲気をつくり、相手にいい気分になって話をしてもらう。

何よりもこれがいちばんいい、と私は思うのです。

同じ「聞く」にしても、「聞き手」によって全然違う結果が出ます。

ブスッとした顔で笑顔もなく、いきなり「はじめまして。これについてどう思いますか？」などと聞かれても、いい気分で話せる人はいませんよね。

その一方で、同じ初対面でも、笑顔で迎え入れてくれて、「はじめまして。この名刺、すごくセンスがよくてステキですね」とこちらをほめてくれる言葉があり、少し雑談があって、それから質問を始めたらどうでしょうか。

こちらもリラックスして、いい気分で話をスタートできる確率は高いですよね。

前者の「ブスッとした顔」をAさん、後者の「ニコニコ顔」をBさんとしたら、AさんとBさんでは手にする結果がまったく違います。

Aさんに対しては思っていることの3割ぐらいしか話さないけど、Bさんに対しては6〜7割、いやさらにそれ以上話をしてしまう可能性も高いはずです。

★「頭のいい人」ほど人の話が聞けない

「あの人は、人の話を聞いていない」
「彼は、人の話を聞けない」

こんな不満をよく耳にしませんか？

▼
初対面でも「いい聞き方」なら、
ついついたくさん話してしまう

頭のいい人ほど
じつは「聞けない人」が多い

世の中には、じつに「聞けない人」が多いものです。

たとえば、人が話を始めると、最後まで聞かずに「ああ、その件はね、これこれこういうことだから」と答えを言ってしまう。あるいは、「いや、自分はこうだから」と自分の話に持っていってしまう。「はい、はい、はい、はい」と耳障りなあいづちを打ち、相手から「話をしたい」という気持ちをそいでしまう……。

「聞くこと」ができないのは、意外にも頭のいい人に多い印象を受けます。

というより、頭のいい人ほど、人の話が聞けないといったほうがいいかもしれません。

頭のいい人は相手が1を言うと10わかってしまって、話を最後まで聞かず、先に答えを言ってしまうのですね。

でも、人の話を聞けないと、「いいこと」は何も起こらないと思うのです。それどころか**話を聞かない人は人生において大きな損をしている**と言っても過言ではありません。

★「聞くこと」は人生を豊かにしてくれる

聞くことで人間関係やビジネスがガラリと好転すると言いましたが、聞くことのメリットはそれだけではありません。

そもそも**聞くことは「インプット」**です。**人の話を聞くことは、それだけ自分の知識や見聞が深まる**ことにほかなりません。

逆に「聞けていない人」は、新しい情報が何も入ってこない。これはじつにもったいないことではないでしょうか。

私も番組やイベントの司会やインタビューなどで、ＩＴや先端科学の話など、専門性の高い分野の話を聞くことがあります。

時には話の内容が難しいときもありますが、自分の見識を広げるチャンスだと思って一生懸命聞きます。**難しい話題でもなんとか理解しようと一生懸命に聞くことで、質問力を磨くこともできます**。

世の中にはいろいろな人がいて、各人がいろいろな意見をもっています。

「あの出来事は、そういう捉え方もできるんだ」

「この人の考え方は少し過激だけど面白い」

など、人の話を聞くことは本当に勉強になるし、何より楽しいものです。**「人の話を聞くこと＝学びの場」**なのです。

人の意見には、時に賛成できないこともあると思います。しかし、それもひっくるめて、**「聞くこと」は、人生を限りなく豊かにしてくれること**だと思うのです。

★「聞くこと」は大きな武器になる

じつは**聞く技術が「大きな武器」になる**ことに気づいたのは、私が局アナを辞めてフリーランスになってからでした。

フリーになってからは、テレビ、ラジオの仕事に加え、講演やイベントの司会、自分の主催する話し方教室の講師など仕事の幅が広がり、人間関係の幅もぐんと広がりました。局アナ時代に比べて、さらに「聞くこと」の重要性を感じるシーンが増えたのです。

相手がいい気分になってくれると、いい話が聞けるし、「じつはここだけの話だけどね……」などと、裏話を聞けたりもします。聞き役に徹することで、じつにたくさんの気づきを得ることができました。

また「上手に聞いてもらえたから、自分でも話が整理できてよかった」と言ってもらえたこともあります。**「『聞くこと』でいいことがいっぱいある」**と素直に感じました。

それが、この本を書くきっかけにもなっています。

▼

「聞くこと」は、人生を
限りなく豊かにしてくれる!

第1章

「嫌われる人のダメな聞き方」よくある7つの共通点

──あなたは大丈夫？　聞き方NG集

★「聞き方NG集」を回避するだけで、好感度がアップ！

この章では、**「聞き方NG集」**を挙げてみたいと思います。

相手の話を最後まで聞かず、自分の話に持っていってしまったり、あるいは自分の聞きたいように聞いてしまったり……。

「こういう聞き方をすると、相手に嫌われてしまう」「こういう聞き方だけはしてはいけない」という緊急性（？）の高いものです。

逆にいえば、このNGポイントを避けるだけで、好感度はいっきに上がるはずです。

★「嫌われる聞き方」よくある7パターン

嫌われる聞き方

1

話を「最後まで」聞かない

×

A「先週、出張で得意先に電車で向かったんだけど、途中で電車が止まってしまってさ……」

B「あっ、それで約束の時間に遅れたんだね」

A「……うん、アポには10分ほど遅れてしまったんだけど、それよりも……」

B「それは仕方がないよ。相手も怒ってなかったでしょう？　僕も何度も同じような経験はあるよ。そういうときは、遅延証明書を出してもらうけどね」

「話を最後まで聞かずに、自分の意見を言ってしまうパターン」です。

Aさんは「電車が止まって遅刻した」ことを話したいわけではなく、「電車が止まった驚くべき理由（線路に布団が落ちていた）」を話したかったのに、Bさんは最後まで話を聞かずに、自分の推測で終わらせてしまっています。

また相手が話を始めると、途中で「それはこういうことだね」と一方的に結論付けてしまう人もいますが、その人もこれと同じパターンです。

これは序章でも述べましたが、**頭のいい人、回転の速い人に多い**ように思います。頭のいい人は理解も早いので、人の話を最後まで聞くのが苦痛なんですね。

半分ぐらいまで聞いたら、「その話はわかったから」となって、自分の話したいこと

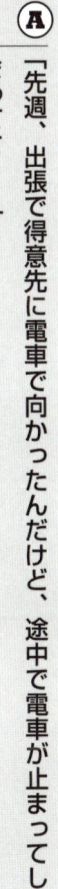

を話しはじめてしまいます。

でも、**こういう人は早とちりや誤解も多い**ように思います。

最後まで話を聞かないため、誤解してしまったり、あるいは先回りして相手の言いたいことを言ってしまったり。上司からの指示も途中まで聞いて理解した気になり、結果的にミスをしかねません。

私は、いまAさんという女性著名人にスピーチのプライベートレッスンを行っているのですが、Aさんがまさにこのタイプ、人の話を最後まで聞けない人でした。

Aさんはものすごく頭のいい人です。人が1話すと瞬時に10まで理解して、行間まで読み込んでしまうような聡明さがあります。

だから人が話しはじめると、すぐに答えを言ってしまう。最後まで聞けないのです。

またその返事も間髪を容《い》れず、本当に0・5秒ぐらいで返ってきます。

これだと相手はせかされたように感じてしまって、落ち着いて話せません。

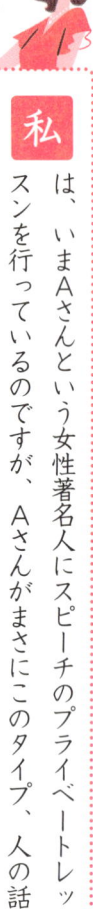

「聞く人全員が子どもだと思って話してくださいね」とアドバイスして、とにかく「相手の話を最後まで聞く努力」をしてもらいました。

「我慢すること」「わかっていてもわかっていないふりをすること」、これが大人の「聞き方」です。

彼女は頭がいいというだけでなく、ものすごく努力家でもあります。だから私の提案もすぐに理解してくれて、努力をし、グングン上達しています。

ほかにも、よくあるのは奥さんの話を聞けない旦那さん。

帰宅して、奥さんが「待っていました！」とばかりに、「ねえ、聞いてよ。今日ね、○○（子どもの名前）が……」「じつはね、近所のおばさんが……」と話しはじめるのですが、旦那さんは「ふーん」「へー」と気のない返事ばかり。

仕事で疲れて帰ってきているのかもしれませんが、奥さんとしてはガッカリです。

人の話を聞くには、時として「我慢」も必要です。

話の内容はどうであっても、とりあえずは「最後まで聞く」というクセをつけたほうがいいでしょう。

嫌われる聞き方

2 自分の聞きたいようにしか聞いていない

×

Ⓐ「最近、糖質制限ダイエットを始めたんだ。なんと2週間で3キロもやせたんだ」

Ⓑ「あれか。俺は1日もできないな。白飯を食べないと、食事した気がしないもんな」

Ⓐ「……でも慣れると結構、平気だよ」

Ⓑ「だけど、外食のときに困るっていうよね」

Ⓐ「……それが意外となんとかなって、コンビニでも組み合わせ次第で1食分を調達できるよ。たしかに定食屋では、少し困ることもあるけど」

Ⓑ「そっか、やっぱり困るんだ。俺は無理だな」

Aさんは「糖質制限でダイエットに成功しつつある」という話をしたいのに、Bさんはどうやら糖質制限に懐疑的な様子です。

そのこと自体はBさんの意見だからいいのですが、**自分の主張があまりに強すぎて、Aさんに「寄り添う」という姿勢が見られません**。

つまり、Bさんは**自分の聞きたいように聞いているだけ**なのです。

Aさんの言いたいことは「糖質制限を始めたところ、ダイエットに成功した。食べるものに困ると言われるけれど、意外となんとかなる」です。

でも、Bさんはそこには反応せず、「自分の意見（糖質制限は食べるものに困る、自分はできない）」を主張しているだけ。

これではAさんは「自分の言いたいことがわかってもらえない」とモヤモヤしてしまいます。

では、どう聞けばいいのか。

何も自分の意見を曲げて「Aさんの意見に賛成しましょう」というのではありません。

自分の意見と違っていても、相手の話に「耳を傾ける」「寄り添う」姿勢をもつことが大切だと思うのです。

たとえば、次のような感じです。

A「最近、糖質制限ダイエットを始めたんだ。なんと2週間で3キロもやせたんだ」

B「2週間で3キロ！　それはすごいね。そういえばやせたよ、アゴのラインが違う！」

A「わかる？　糖質制限なら、お腹いっぱい食べても、やせられるんだよ」

B「それはいいね。でも、外食のときに困ったりはしない？」

A「それが意外となんとかなって、コンビニでも組み合わせ次第で1食分を調達できるよ。たしかに定食屋では、少し困ることもあるけど」

B「でも、お腹いっぱい食べてダイエットができるなんていいよね！　俺は白飯がないとダメだから、糖質制限は実行する自信がないんだけどね……」

この会話なら、Aさんも「自分の話を十分に聞いてもらえた」という満足感を得ることができます。話を聞くBさんも、Aさんの話に寄り添いつつ、自分の見解も述べています。

大事なことは、**自分の聞きたいように聞くのではなく、「相手の言いたいこと」を尊重して聞く姿勢**だと思います。

嫌われる聞き方 3

「相手が言いたいことが何か」を考えず、「ズレた答え方」をしている

A「先日、大阪に行ってきたんだ」

B「大阪に？　何をしに行ったの？」

A「友達に、犬の写真を撮るカメラマンがいるの。彼女が大阪で個展を開いたから、それを見に行ったんだ」

B「へぇ、犬が好きなんだ！」

A「……うん、犬は好きだけど、そのカメラマンの個展がさ……」

B「私も犬好きなんだよね。ちなみに、どんな犬が好き？」

Aさんは「犬の写真展を見に行った」という話をしているのに、Bさんは「犬が好きかどうか」という話にズラしてしまっています。

一見、Bさんの話に答えているようには見えますが、Aさんはやっぱりモヤモヤして

しまいます。

文章にすると「こんな会話をする人はいない」と思われるかもしれませんが、実際には結構、みなさんやりがちです。私もインタビューの最中でズレた反応をしてしまい、「あっ、しまった。そちらではなかったな……」と修正することがあります。

相手の「言いたいこと」「話したいこと」は何なのかを考えながら聞く。

基本的なことのようですが、とても大切なことです。

嫌われる聞き方

4 どんな話でも「自分の話」に持っていってしまう

✕

Ⓐ「昨日、新宿の沖縄料理の店に行ったけど、とてもおいしかったよ」
Ⓑ「沖縄料理？　それなら、僕が知る中では、渋谷の○○という店がベストだよ。マスターが石垣島の出身で、幻の泡盛があってさ……」

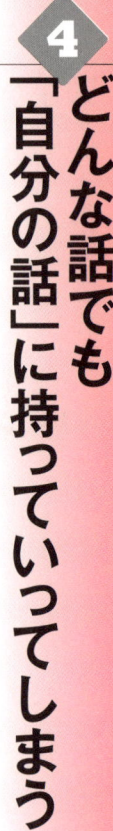

✕

Ⓐ「まいったよ、こないだの健康診断で『血圧が高い』と言われて。受診をすすめられたんだ……」

Ⓑ「あっ、俺も一時期、血圧が高くて。医者から薬をすすめられたけど、『とりあえず自分で努力してみます』と逃げ帰って、そこで俺がやったのは……」

相手がこれから話そうとしているのに、**途中まで聞いて、何でも自分の話に持っていってしまう人、何でも「自分の話」にすり替えてしまう人……**。

悪気があるわけではなく、「自分の知っているおいしい沖縄料理店を教えてあげたい」とか「血圧を下げるいい方法を教えてあげたい」という気持ちが先走ってしまっているのだと思います。

でも、**人の話をいきなりさらって「自分の話」に持っていくのは、大人としてマナー違反**ですね。

もちろん、こういうこともたまにならいいでしょうが、いつもこれをやってしまうのは、問題です。しかし、**このパターンの「人の話が聞けない人」も結構多い**ですよね。

嫌われる聞き方 5

「不愉快なあいづち」を打つ

あいづちの打ち方は本当に大切です。

前述したように、**あいづちは魚住式「聞き方」の3大柱のひとつ**。あいづちについては、NG例もふんだんに取り上げながら、第3章でたっぷり解説します。

嫌われる聞き方 6

「態度・しぐさ」がNG

笑顔がない、姿勢が悪いなどなど、「聞き方の態度」が悪いと、それだけで好感度は下がってしまいます。「どんな答え方をするか」「どんな返事をするか」以前の問題になってしまいます。

同じく**「態度・しぐさ」も、魚住式「聞き方」の3大柱のひとつ**。第4章でたっぷり説明します。

嫌われる聞き方

7 「ダメな質問」をする

質問によって相手の話を上手に聞き出すことができるし、逆に相手が答えようがなくなってしまうこともあります。

質問力も、魚住式「聞き方」の3大柱のひとつなので、第5章で詳しく説明します。

以上、嫌われる聞き方を7つ挙げてみました。

どうですか、思い当たるものはありましたか？

こうした**「嫌われる聞き方」の共通点は、相手が「気持ちよく話せない」「話す気がなくなってしまう」「最後まで話せない」といったことに集約**されます。

こうして改めて文章にすると、「自分はこんな聞き方はしていない」と思うかもしれませんが、**私たちが日常の中でついついやってしまっている**こともたくさんあります。聞くことは日常のことですから、ついおざなりにしがちなのです。

でも、日常であるからこそ、「ちょっとの心がけ」で驚くほどの違いが生まれる分野でもあります。

この「聞き方NG集」も踏まえたうえで、次章からは、「どんな聞き方をすればいいのか」を具体的に紹介していきます！

第2章

どんな相手にも使える！ 魚住式「聞く力」8つの基本テクニック

★相手が絶対敵意をもたない！魚住式「聞く力」8つの基本

すでにお話ししたように、私が提唱する聞き方は**「相手を笑顔にする」「相手に好感をもたれる」聞き方**です。そのためには、初対面であろうと相手にリラックスしてもらうための「雰囲気づくり」がとても大切です。

そこで私が編み出したのが、基本の8原則です。

8原則といっても、ちょっとした心がけやコツで簡単にできることばかりです。

この8原則を意識するだけで、みなさんの聞き方はガラリと変わってくるはずです。

「聞く力」の基本 1 相手の話は「口角を上げながら」聞く

よく言われることですが、**人の話を聞くときに何より大切なことはやはり「笑顔」**です。

笑顔は「あなたを受け入れますよ」「敵意をもっていませんよ」というサインです。

私は仕事柄もあって無意識のうちに笑顔になりますが、「自然な笑顔」が出てこない、苦手という人も少なくないと思います。

たとえば、初対面の人と話すとき緊張して表情がこわばってしまうという人。または、はなはだ失礼ながら年配のオジサマに多いのが、「地顔」がムスッと怖い人……。

あるいは、下手に笑顔をつくろうとすると、ひきつって不自然な「つくり笑い」になってしまう人もいます。

こうした問題をいっきに解決する「魔法のアイデア」があります。

それは**「口角を上げる」**ことです。

鏡を見て、少しだけ口角を上げてみてください。無理に笑顔をつくらなくても、これだけで表情が和らいで、とても自然な笑みをつくることができます。

相手の話を聞くときは、口角を上げながら聞く。

常にこれを意識してみてください。これだけで驚くほどよくなります。

おすすめは、次ページに紹介する「笑顔エクササイズ」。

このエクササイズをすると、筋肉がほぐれ、自然な笑顔が生まれますよ。

► 口角が上がりやすくなる笑顔エクササイズ

①

頬をふくらませる

→ 10回

頬の内側のお肉を吸う

②

唇をつき出し、右側に

→ 10回

つづいて、左側に

③

口の両端を思いきり横に引っ張る

→ 10回

チューの形で口をすぼめるが、
少しゆるめて

日本人がいちばん苦手な口の動き
▶ 口角が上がりやすくなる

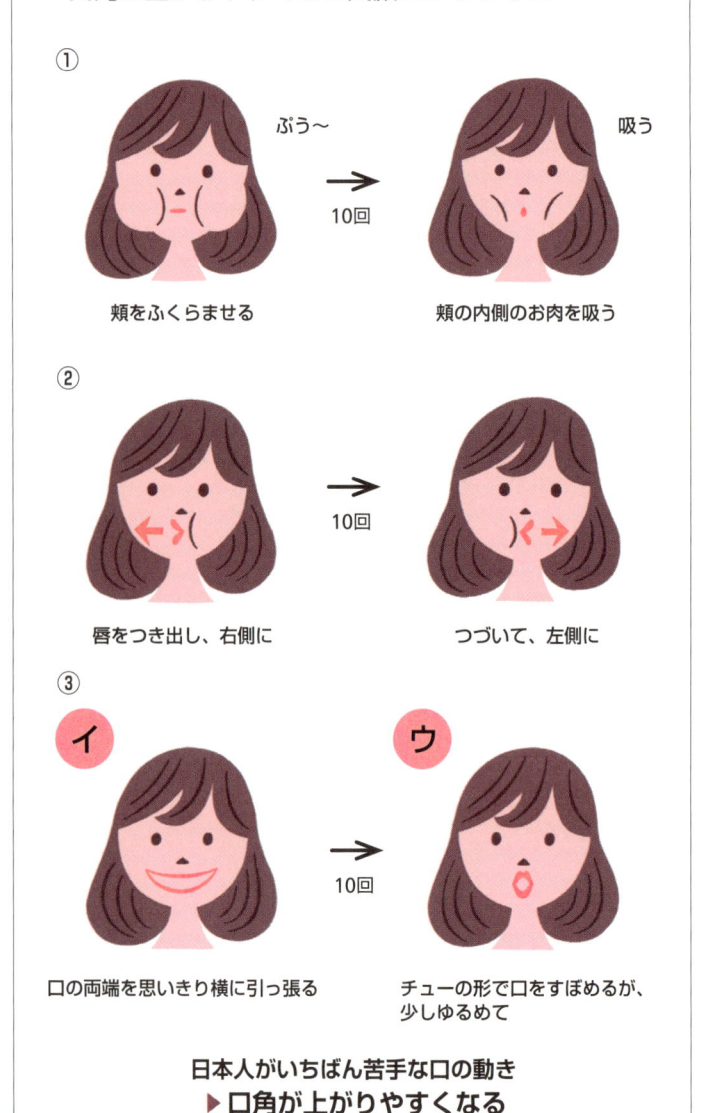

コツ 01

話を聞くときの基本中の基本は「笑顔」。口角を上げて聞くだけで、自然な笑顔がつくれる。

「聞く力」の基本 2

相手の話には「ちょっと多めに」笑う

相手の話は「口角を上げて笑みを浮かべながら聞く」のが基本と述べましたが、相手が面白いこと、ちょっとユーモラスなことを言ったら、笑ってあげることも大きなポイントです。

そのとき**「ちょっと多め」に笑うのがコツ**です。

大笑い、バカ笑いをする必要はありません。相手にもよりますが、大きな声で「ギャハハハ」とやられると、うるさいと思われてしまう可能性もあります。

「あはは」「うふふふ」ぐらいがちょうどいいと思います。

大事なことは、きちんと笑い声を出すこと。

「ぐふふふ」といった含み笑い、声に出さない笑い方をする人もいますが、感じがよくありませんよね。「バカにされている」という印象を相手に与えかねません。

相手の言ったことに何でも無理して笑うということではありません。**相手が笑ったら、自分はちょっと多めに笑う**という感じです。

コツ 02

▼ 相手の話には、ちょっと多めに笑う。含み笑いではなく、きちんと声に出すと好印象になる。

「聞く力」の基本 3

話す割合は「相手7：自分3」を意識する

上手に聞くためには、あまり自分が前に出ないことも大切です。

相手と自分の話す割合が「7：3」あるいは「6：4」ぐらいを目指すといいと思います。

「自分の話すほうが少ないかな？」と思うくらいでちょうどいいのです。

とくに相手の話を聞き出す必要があるときは、自分は「無の存在」となったつもりで、ひたすら相手の話にしっかり耳を傾けましょう。

たまに相手の話を引き取って自分の意見をとうとうと述べはじめてしまう人がいますが、これだと相手は話す気を失ってしまいます。

もちろん状況によっては自分の意見を言うことも必要でしょうが、**自分の意見は、相手の意見をしっかり聞いたあとで述べましょう**。

相手が言いたいことを言い切らないうちにこちらの話を始めてしまうと、相手は「言いたいことが言えなかった」という不満をもってしまいます。

コツ 03

▼話す割合は「相手7：自分3」が理想的。「自分の話が少ないかな？」と思うくらいでちょうどいい。

「聞く力」の基本 4

「相手の名前」を覚えて、会話中に呼びかける

「相手の名前を覚えて、名前で呼びかけること」はとても大切です。

初対面では、とくに名前を呼ぶことで信頼関係を早く築くことができ、仲良くなれます。私がいつも心がけていることでもあります。

「山崎さん、こちらにお座りください」

「山崎さんは、何をお飲みになりますか?」

などと、意識して名前を呼んでください。

「何を飲まれますか?」と言うのと「山崎さんは何を飲まれますか?」と名前を入れて言うのとでは、相手に与える印象がまったく違います。

初対面で相手の名前を呼ぶのはなんとなく気後れするものですが、数回呼べば、あとはもう自然にこなれるものです。これができるかできないかで、**相手との距離感は大きく違ってきます**。

それから、「人の名前が覚えられない」という悩みをよく聞きます。

会って2回目の人の場合、「この人、なんていう名前だっけ……」と思い出せず、だ

からといって「お名前は？」と改めて聞くこともできないまま会話が終了するとか。
私もじつは、人の名前を覚えるのは得意ではありません。だから必死で覚える努力をします。

私の方法は、**名前を覚えたい人と「同じ名前の友人」をイメージしたり**、友達がいなければ、**芸能人やアーティスト、漫画の主人公など、何でもいいから「関連付け」できる人物やモノをイメージします**。こうやって「紐《ひも》付け」しておくと、それがヒントになって思い出しやすくなります。

「この方の名前は……、えーっと、ラーメンが大好きな……、そうだ、小池さんだ！」みたいな感じです。

77ページにも登場する私の友達は記憶力もすごくよくて、1回会っただけで名前を覚えることができます。頭の中に「名刺ホルダー」ができていて、街で偶然会ったような人でも、その人の名前や会社名までパッと思い出せるそうです。

彼女は、人に対して興味・関心が強くあるのでしょう。

相手がどういう人なのか、どんな話をしたのか、ちゃんとその人と丁寧に向かい合っているから、記憶に定着するのだと思います。

それを考えると、**「名前を覚えられる、覚えられない」というのは、記憶力よりも「意**

識」の問題なのかもしれません。

本を出版してから、プロモーションで各地の書店さんを回ったり、イベントに呼んでいただくことが増えました。

そうすると、2回目以降にお会いする方の場合、名前が思い出せないことがあるんですね。これは結構困ります。

すると編集者さんが、いいコツを教えてくれました。

あるベストセラー作家の方と、その編集者さんを含む出版社の数人の方で会食をすることになったそうです。

すると、会食が始まる直前に、その作家の方から「今日会う人の名前と、特徴をもう一度教えてくれる？」とメールが来たそうです。

その作家さんは、参加する人たちとは1回あいさつをしただけなので、記憶が定かでなかったのです。

「ハーフっぽくて男前のYさん、今日来る人の中でいちばん偉い人です（笑）。それとスリムな体型で優しそうな雰囲気のKさん、プロモーションの担当です。あとは営業部のWさんとAさん。Wさんは書籍営業

の責任者でメガネをかけていて、Aさんは紅一点の女性です」

　こんな感じでメールを送ると、作家さんはそれをきちんと覚えてきて、その場では「Yさん、今日はよろしくお願いします。Kさん、お久しぶりです」と完璧な対応をされたそうです。

　これはすごいワザです。その場で「あの～、すみません、お名前、何でしたっけ？」とやるのとは大違いです。私も今後の参考にさせていただきたいと思いました。


　ビジネスマナーとしてこの方法は「ベスト」ですが、このようにフォローしてくれる人がいない場合や、本当に忘れてしまった場合もありますよね。

　その場合は、潔く「申し訳ありません、お名前、失念してしまって。もう一度教えていただけますか？」と聞いてしまいましょう。

　相手の名前を呼びかけずに終わるより、断然いいと思います。

りえの耳寄りコラム ▼ 徳光和夫さんは「人の名前を覚える天才」

私の大先輩でもある徳光和夫さんは、じつは「人の名前を覚える天才」なのです。

徳光さんのすごいところは、新人アナウンサーやADさん、入りたてのスタッフさんなど、すべての人の名前を覚えることです。

私が新人で入ったとき、徳光さんはすでにフリーになられていたのですが、入社したての私の名前もすぐに覚えていただき、「魚住さん」「りえちゃん」と呼びかけてくださいました。

番組のプロデューサーやディレクターなど「偉い人」の名前を覚えるのは誰でもできます。でも徳光さんは、入りたての新人さんやADさんの名前もきちんと覚えていて、「高橋さん、これお願いします」と呼びかけるんです。

「ええと……そこの君！」などという言い方は絶対にしません。むしろ新人さんほど、意識して名前を呼びかけているようにさえ見えます。

テレビの雑用をこなすADさんの仕事は本当に大変なんです。

長時間のロケをこなし、スタジオでは台本や資料のコピーを配って回ったり、出前の注文をとったり、休む間もなく働いて、家にも帰れないぐらいの大変な激務です。

そんな人たちが「佐藤くん、これお願いしますね」と、大御所である徳光さんに名前を呼んでもらったら、それだけで感激しますよね。

人の名前をすぐに覚えられるのは生まれ持った才能かもしれませんが、それ以上に、徳光さんの人に対する気遣いや思いやりがあるからこそだと思います。

コツ 04

▼相手の名前を覚えて、会話に挟むと好印象になる。名前は、友人や芸能人と「関連付けて」覚えよう。

「聞く力」の基本 5

相手を「ほめる言葉」「気遣う言葉」を会話に挟む

相手の中にグッと入り込んで印象をアップさせるには、**会話の端々に「相手をほめる言葉」を入れる**のがおすすめです。

たとえば初対面で、相手の名刺がちょっと目を引くデザインだったら、「この名刺、ステキですね！」「センスがいいですね」などと言ってほめます。

相手の身につけている、ちょっとしたものや持ち物（かばん、ペンなど）をほめるのもいいと思います。

女性はもちろんのこと、男性でもオシャレな人はネクタイピンやバッグなど、アクセサリー類にこだわっている人も少なくありませんよね。

さりげなく観察してみると、**相手のこだわりポイントがわかることがあります。そこをほめる**のです。

先日、仕事でお会いした男性はとてもオシャレな方でした。

ふと見ると、ネクタイピンが犬のダックスフントをかたどったものでした。

「そのネクタイピン、もしかしてダックスフントですか？」

思わず聞いてしまいました。

「あははは、わかります？」

「かわいいので、つい目が留まってしまいました。犬がお好きなのですか？」

「犬、好きなんですよ。じつはダックスフントを飼っているんです。

ついグッズも集めてしまって……」

私も大の犬好きなので、そこからしばらく犬談義に花が咲き、とてもいい感じで仕事を始めることができました。

ただし、相手をほめる際に、ひとつ気をつけてほしいことがあります。

それは、**ほめるといっても初対面では、あまり相手の個人的な部分に踏み込まず、無難なところに留めておく**ことです。

いきなり「うわぁ、おきれいですね！」「背が高くてスタイルがいいですね！」などと容姿をほめたりするのは、少なくとも仕事の場ではNGです（もちろん、親しくなって個人的な話をする関係になったらOKの場合もありますが）。

また、**「相手をほめる言葉」とあわせて、「相手を気遣う言葉」を会話に挟みながら聞くのも、相手に好印象をもってもらう秘訣**です。

「今日は雨の中、お越しいただいてありがとうございます。濡れませんでしたか？」

「たくさん資料をご持参いただき、ありがとうございました。重くなかったですか？」

などと「ねぎらいの言葉」にプラスして「相手を気遣う言葉」も入れるのです。思いやりをもって相手の立場に立てば、すぐに出てくる言葉のはずです。

人は誰でも、自分に関心をもってもらえたら嬉しいものです。**「ありがとう」の反対語は「無関心」**というのも聞いたことがあります。

相手をほめるといっても慣れないとなかなか言葉が出てこないかもしれませんが、それこそ「習うより慣れろ」です。**どんどん相手をほめて「ほめ上手」になってください**。

コツ 05

▼ **相手を「ほめる言葉」「気遣う言葉」を挟みながら聞くと、好印象をもってもらえる。**

「聞く力」の基本 6
「相手の話を受けてから話す」クセをつける

「嫌われる聞き方」で、相手の話を最後まで聞かない、「自分の話」に持っていってしまうというパターン（50ページ）を紹介しました。

なぜこういう失敗をしてしまうかというと、「相手の話を受けてから話す」クセがついていないからだと思います。

✕

Ⓐ「先週、出張で福岡に行ったんだけどさ……」

Ⓑ「おっ、俺もちょっと前に行ったよ。いい居酒屋があってさ、そこの○○がおいしかった」

これでは相手の話を受け止めていません。

「相手の話を一方的に聞きましょう」とか「自分の話をしてはいけない」と言っているわけではありません。

とりあえず人の話を最後まで聞いて、それに対する「受ける言葉」をまず言って、そ

れから自分の話をすればいいのです。

相手が福岡出張の話をしてきたら、「そうなんだ！」「福岡、いいね！」と受けて、「出張はうまくいった？」「おいしいものを食べた？」などと話を膨らませると、さらにいいと思います。

そのうえで「自分も少し前に福岡に行ったけど、とてもいい居酒屋があったよ。次回のために、よかったら教えようか？」などと持っていくと、好感度の上がる聞き方になります。

相手の話を受けてから話す、それだけで相手が受ける印象はまるで違います。

会話を電車にたとえるなら、相手の電車に一区間でも乗ってみて、それから自分の電車に乗り換える、みたいなイメージでしょうか。

コツ 06

▼「相手の話を受けてから話す」クセをつけよう。最後まで聞いてから話すだけで、印象は全然違う。

「聞く力」の基本 7

相手の話に「共感」してあげる

人に好かれる人、ビジネスで成功している人は往々にして「共感力」が高いものですが、**「相手の話に共感する」というのはとても大切**なことです。

相手の話に共感するかしないかで、その先がまったく違います。

✕

Ⓐ「仕事がつらいんだ……。やっぱり営業って自分に合わないってつくづくわかったよ……。もう、辞めちゃおうかと思っているんだ……」

Ⓑ「えっ、辞めちゃダメだよ！ もったいないよ！ いま辞めたら、もう正社員で雇ってくれるところなんかないよ。もういい年なんだからさ。それに辞めたら給料だって、減っちゃうよ」

一見よくある普通の会話です。BさんはAさんに対してアドバイスをしているつもりなのですが、Aさんはモヤモヤしてしまいます。

ひとつには「辞めること」を反対されたこともあります。

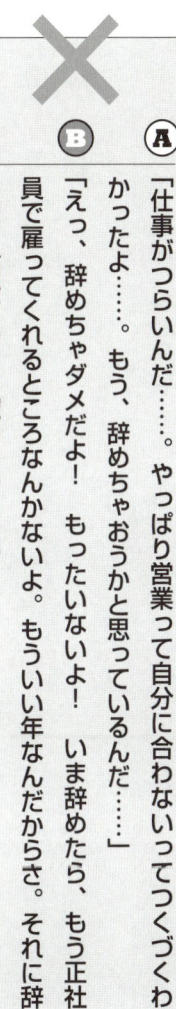

しかしこれが、たとえばBさんの答えが「別に辞めてもいいんじゃない。まだ君は35歳なんだから、すぐに別の働き口があるよ」という肯定的なものだったとしても、モヤモヤは晴れないでしょう。

なぜなら**聞き手が、話し手の気持ちに共感していない**からです。

Aさんは「辞めるべきかどうか」を本気で相談しているというよりも、「営業が自分に合わない、仕事がつらい」と訴えているのです。半分は愚痴のようなものかもしれません。

○

A「仕事がつらいんだ……。やっぱり営業って自分に合わないってつくづくわかったよ……。もう、辞めちゃおうかと思っているんだ……」

B「そっか……仕事が大変なんだね。営業の仕事は、合う人と合わない人がいるみたいだよね」

A「うん、ノルマがあってさ、達成できないと上司にグチグチ言われて……。営業成績も下のほうだし。がんばっても結果が出ないんだ」

B「そうか……。それはつらいね」

このように気持ちに共感してもらうだけで、Aさんはかなり気持ちが落ち着きます。

「正しい答えを教えてもらう」よりも、「気持ちに寄り添い、共感してほしい」のです。

これは私たちが誰でももつ、共通の心理だと思います。

「相手の話に共感してあげること」は、私が最も大切にしている聞き方のポイントです。

そして、それは**「おもてなしの聞き方」の極意でもある**と思います。

コツ 07

人は誰でも「自分の気持ちに共感してほしい」もの。「共感している」ことが相手に伝わるように聞こう。

8 「前回の会話の内容」を覚えておき、さりげなく出す

Ⓐ「こんにちは！　この間お会いしたとき、風邪でつらいとおっしゃっていましたが、その後、どうですか？」

Ⓑ「ありがとうございます！　まだ少し咳は出ますが、ほとんど回復しました」

前回の会話を覚えていて「あれはどうなりましたか？」と相手を気遣う。これは**相手の心をピンポイントでつかむマル秘テクニック**です。

「スマホの機種変更で操作がわからないと言っていたけど、もう慣れた？」
「先週、新規のお客様と会うから緊張すると話していたよね。どうだった？」

前回の会話でなくても、相手のちょっとした変化に気づいてコメントするのもいいと思います。

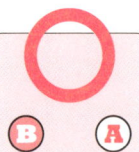

「髪の毛、切ったんですね！　ショートヘア、すごく似合いますね！」

「今日はいつものコーヒーではなく、トマトジュースなんですね」


この一言だけで、**「この人は私のことをよく覚えてくれている、気にかけてくれている」**と思って、おのずと好感度も上がりますよね。

私の友達は、前に会ったときに話したことを全部覚えていて、いつも気にかけてくれます。

「りえちゃん、この前、お茶したときにこういうことを言っていたけど、その後どうなった？」

などというように。彼女は聞き上手でもあるので、私にとってはどんなことでも吐き出せる、大切な癒やしの存在です。

もうひとり、主婦の友人ですが、彼女もまた過去の会話やメールの内容をじつによく覚えていてくれるのです。

彼女とは3〜4カ月に一度くらいしか会えません。

それなのに数カ月も前に私が言ったことを鮮明にICレコーダーのよ

うに再生してくれて、「それで、その後、どうなったの？　大丈夫？」と関心をもち、気遣ってくれます。

私のほうが「そんなこと言ったっけ!?」と言われてから思い出すこともしばしばです。

彼女がそうやって覚えてくれていること、気にかけてくれていることが本当に嬉しくて、間隔は空いてしまいますが、定期的に会いたくなってしまいます。

お医者さんでも、前回受診したときのことを覚えていてくれる先生がいます。

風邪で1年ぶりに受診したのに、「前回と症状が違うから、ちょっとここを調べましょうね」などと言ってくださるんです。

カルテがあるから思い出しやすいのかもしれませんが、きちんと正確に覚えていてくれるのがわかるので、こういう先生なら安心だし、何よりも心強いですよね。


前回会ったときの会話を覚えているのは、**「会っていないときも、あなたのことを忘**

れていませんでしたよ、気にかけていましたよ」というサインでもあります。

ですから、**久しぶりに会う人がいたら、その人と前に交わした会話やメールを思い出す作業をしてみるといい**と思います。

日記やメールを読み返すことができたらベターですが、「何を話したかな？」と思いを巡らすだけでも違うはずです。

コツ 08

▼前回の会話の内容を覚えておき、さりげなく出すと「気にかけていてくれたんだ」と、好感度はグッと上がる。

第3章

「あいづち」を変えるだけで、「聞く力」はぐんと上がる!

★「あいづちスキル」は魚住式「聞く力」の最終兵器

「この人は聞き上手だな」

「この人に話を聞いてもらうと、とてもスッキリする」

こういうときの「聞くのが上手な人」と「そうでない人」の違いはいったい何でしょうか？

じつは、**「あいづち」によるところが大きい**と私は思います。

あいづちは本当に重要です。**あいづちひとつで、相手が乗って話してくれたり、逆に話す気を失ってしまったりする**こともあります。

私は職業柄、人に話を聞くときのあいづちをとても意識しています。

テレビでは上手にあいづちを打って相手の話を聞き出しつつ、でもタイミングは相手の話に決してかぶってはいけません。**あいづちの1回1回が勝負というぐらい、あいづちは重要な位置付け**なのです。

でも、そうやってあいづちを意識していくことで、聞き方のスキルがメキメキとアップするのがわかりました。

あいづちの打ち方で話をどんどん盛り上げたり、相手の本音を聞き出したりできるのです。また「その話は本題から逸れてしまっているな」というときは、あいづちでうまくコントロールしたりします。

そう、**「あいづちスキル」こそが、魚住式「聞く力」の真髄**ともいえます。

★よくある「あいづち」NG集

みなさん、あいづちなんて普段はあまり意識していないのではないでしょうか。

でも、何も考えずにあいづちを打つのは、かなり怖いことです。

というのも、**「あの人はどこか感じが悪い……」「話をしていて楽しくない……」と相手に思わせる原因の大きなひとつが、じつはあいづちにある**からです。

よくあるのが、知らず知らずのうちに相手の気に障るあいづちを打ってしまうこと。いってみればNGあいづちです。

以下に**「ダメなNGあいづち」**をまとめてみましたので、チェックしてみてください。

ダメなあいづち 1

「はい、はい、はい」と「はい」を連発する

A「駅前に新しくイタリアンレストランができたでしょう」
B「はい、はい、はい、はい。あそこね」
A「この前、行ってみたら、偶然にも高校の同級生の旦那さんが経営するお店だったんだ」
B「はい、はい、はい、はい」

「はい、はい、はい」と同じ言葉を繰り返すあいづちです。

文字で読むと滑稽に感じるかもしれませんが、**実際に「はい、はい、はい」と「はい」を連発するあいづちを打つ人は意外に多い**ものです。

ほかにも**「フン、フン、フン」「ええ、ええ」「なるほど、なるほど」なども同じ**。

悪気はないのでしょうが、同じ言葉を連呼するのは耳障りですし、話す側も落ち着きませんよね。

ダメなあいづち 2

「たしかに」「なるほどですね」を連発する

A「今度の新製品の色だけど、ビジネス仕様にするなら、やっぱりシルバーだよね」

B「たしかに」

A「でも、シルバーはかっこいいけど、色落ちが怖いんだよね」

B「たしかに」

A「あとギラギラになっちゃうと下品なんだよね」

B「うーん、たしかに」

このように、何に対しても「たしかに」と答える人もいますよね。まるでコントのようでもあります。

無意識のうちに、クセになっているのでしょう。

でも**「たしかに」というあいづちは、上から目線で偉そうな印象を相手に与えかねま**

せん。「自分はそこを最初からわかっていたんですよ」という含みを感じてしまいます。

また、**「なるほどですね」というあいづちも同じ**です。

「なるほど」に「ですね」をつけた「なるほどですね」というあいづちを、最近とてもよく耳にします。一種の流行り言葉なのかもしれませんが、私にはどうも違和感があります。

「たしかに」「なるほど」も、たまにタイミングよく使う分には問題ないと思います。避けたほうがいいのは連発、頻発することです。

または、**「たしかにそうですよね」と、「そうですよね」を付け加えればいい感じになります**。

ダメなあいづち

3 あいづちが毎度「大げさ」すぎる

Ⓐ「こないだ、○○（映画）を観に行ったよ」
Ⓑ「エーッ！　どうだった？」
Ⓐ「いや、前評判がよくなかったから、あんまり期待してなかったんだけど、

B 「すっごくよかった！」「ウッソー!! マジで!?」

こういう大げさなあいづち、若い女性に多いパターンですね。また言葉自体もお世辞にも品がいいとはいえません。会話を盛り上げようとしているのかもしれませんが、毎度となると相手は疲れてしまいます。

大げさなあいづちで典型的なのは、「エーッ！」「ウソ！」「ヤダァ！」「マジで!?」「イヤ～ッ」の5つでしょうか。

「ウソ！」を連発すると、「自分の言っていることを信じてくれないのか」と不信感をもたれてしまいかねません。

「マジで!?」は仲間内や家族に対してならともかく、大人の会話ではあまり使わないほうがいいと思います。「ヤバーい！」というあいづちを打つ人もいますが、これも同様です。

「話を盛り上げたい」「相手の話を熱意をもってしっかり聞きたい」ということであれば、後ほど紹介するあいづちの極意1「内容に応じて『声の高さとスピード』を変える」（92ページ）のテクニックを使ってみてください。

ダメなあいづち

4 「相手の話にかぶせて」あいづちを打つ

Ⓐ「こないだ○○（映画）を観に行って……」
Ⓑ「ほう、ほう、ほう」
Ⓐ「前評判があまりよくなかったから、期待はしていなかった……」
Ⓑ「はい、はい、はい」

文章ではうまく表現できないのですが、相手の話にかぶせてあいづちを打ってしまうパターンです。

「あなたの話をもっと聞きたい」「早く先が聞きたい」という気持ちのあらわれかもしれませんが、あまり続くと、相手はせわしない気持ちになってしまいますし、**「きちんと話を聞いてもらえていない」**という不安に陥ります。

ダメなあいづち

5 あいづちに「変な笑い」を入れる

どんな話題でも、あいづちを打ちながら、必ず「変な笑い」を入れる人がいます。

「あー、そうですよね（フフフ）」

「そんなこともありましたっけ（ハハッ）」

といった感じです。

もちろん、「笑いの起こるタイミング」で笑うのは全然問題ないのですが、笑いが起こる場面ではないのに、**どんなときでも、何を言っても笑いを入れてくる**のです。

無愛想に見えないための工夫だったり、場を和ませようという気遣いで笑いを入れているのかもしれませんが、これでは逆効果です。「話を聞いていない」と思われてしまいます。

同様に、**あいづち代わりに「笑いを入れる人」もいます**。

A「こないだ広島に行ったんですよ」

B「あはははは」

Ⓐ「新製品の色で迷っているんだけど、やっぱりシルバーかな」
Ⓑ「フフフッ」

まったく必要のないところで笑う。本人に悪気はないのだと思いますが、相手を小バカにしている感じがして、よくありません。
仲間内だったら、「この人は悪気はないのだ」とわかってくれるかもしれませんが、なかには「失礼だ」と怒ってしまう人もいると思います。

▶ダメなあいづち一覧

不愉快なあいづち

「はい、はい、はい、はい」

「ええ、ええ、ええ」

「なるほど、なるほど、なるほど」

「フン、フン、フン」

「たしかに、たしかに」

「フフフッ」

大げさなあいづち

「エーッ！」

「ウソ！」

「ヤダァ！」

「マジで!?」

「イヤ〜ッ」

★魚住式「プロのあいづち」7つのテクニック

こうして並べると、あいづちも結構難しいということがおわかりいただけたかと思います。

私は仕事柄、自分が話す様子をあとから録画や録音で見たり聞いたりすることが多いのですが、最初のうちはあいづちが本当に下手でした。

でも、**失敗から学んでいくうちに、「あいづちスキル」を培うことができた**ように思います。

では、相手が話しやすく、好感をもってもらえる「あいづち」とはどんなものでしょう。

私が**試行錯誤の末にたどりついた「好感度の上がるあいづちのパターン」**を、次にまとめてみました。

あいづちの極意 1

内容に応じて「声の高さとスピード」を変える

『話し方の教科書』の中で、「話し方のイメージは『声の高さ×スピード』で決まる」と述べました。これはあいづちでも、とても重要な要素になります。

たとえば、**話を盛り上げたいときは、「高く、速く」あいづちを打つのが効果的**です。逆に、**相手の話の勢いがよすぎて、少し落ち着いてほしいときは、「低く、ゆっくり」あいづちを打ちます**。

こうやってあいづちを打つときの**「声の高さとスピード」によって、相手の話をコントロールできる**のです。

話し手と聞き手の感情は相互に影響を受け合う、**「感情はシンクロする」**というのが私の持論ですが、エネルギーもまたシンクロします。こちらのエネルギー量を落とすと、相手も下がりますし、こちらが上がれば相手も上がります。

ですから、**「声の高さとスピード」を操ることで、高度な「あいづち」テクニックを取得できる**のです。

「声の高さとスピード」が相手に与える影響について、左の図にまとめました。

▶「声の高さとスピード」を操れば、高度なあいづちが打てる

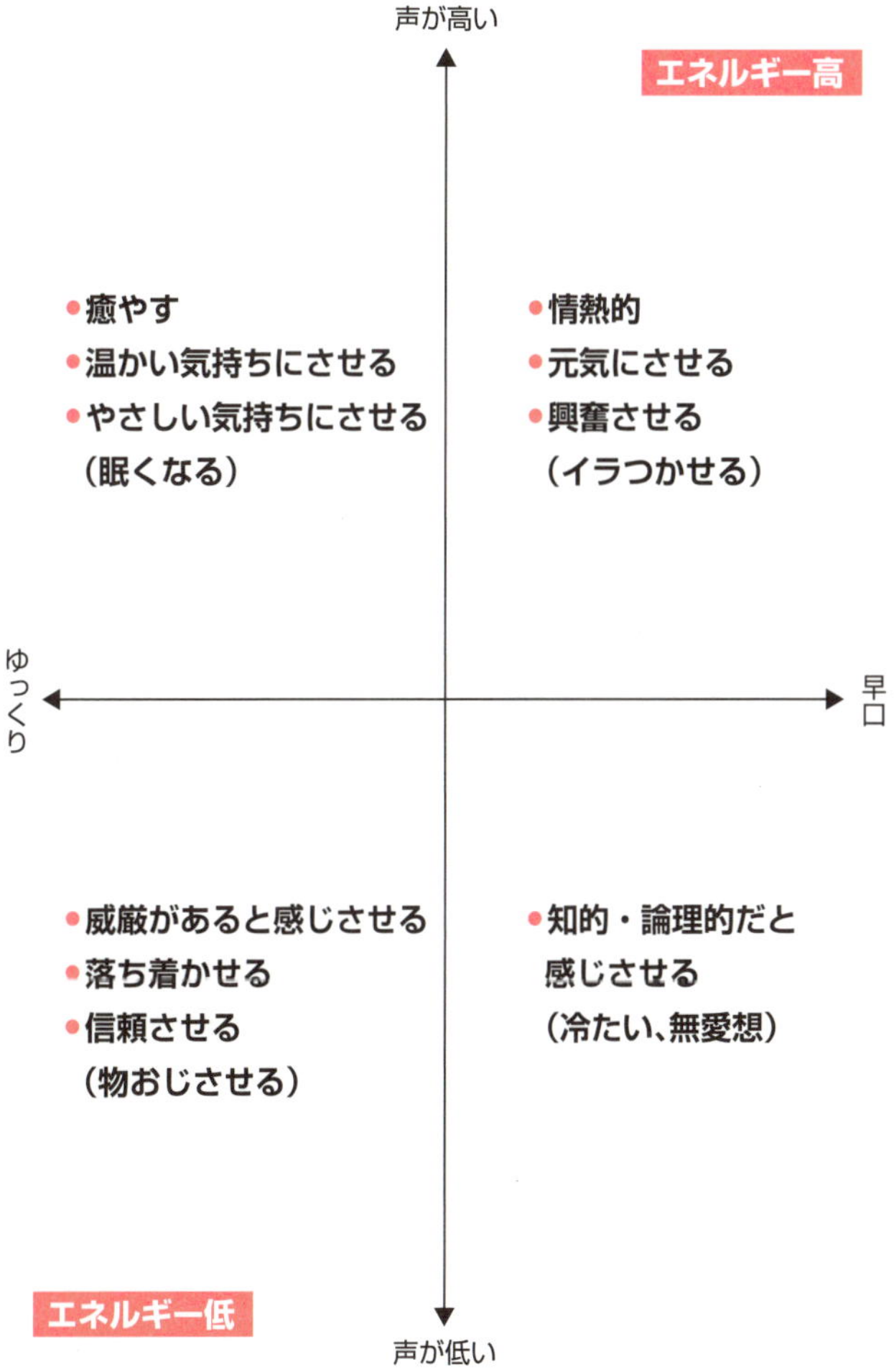

※(　)内はマイナス面

話の内容によって、あいづちを変えることができれば、いっきに聞き上手になること請け合いですよ！

コツ 09

▼ **話を盛り上げたいときは「高く、速く」、相手を落ち着かせるときは「低く、ゆっくり」あいづちを打つ。**

あいづちの極意 2 「黙ってうなずく」のは万能のあいづち

「黙ってうなずく」というのは、私が最も多用するあいづちです。

声に出さず、相手の目をしっかり見て、うなずく。口角はきちんと上げておきます。

あいづちは「あなたの話をしっかり聞いていますよ」という意思表示ですから、それが伝われば何も言葉にする必要はないわけです。

言葉に出さず、しっかりうなずくだけで、とても感じがいいあいづちになります。

「言葉を出さない」あいづちは、少し勇気がいるかもしれませんが、ぜひやってみてください。効果抜群なのが、すぐにおわかりいただけると思います。

または**小刻みにあいづちを打つより、「はい」と1回しっかり言うほうが感じがいい**ですね。

コツ 10

「黙ってうなずく」あいづちが、最も基本＋おすすめ。言葉に出さず、しっかりうなずくだけで、感じがよくなる。

あいづちの極意 3　あいづちを打つ前に「1秒」待つ

先ほど「声の高さとスピード」の話をしましたが、あいづちは基本的には「ゆっくり、落ち着いて打つ」ことです。**ほとんどの人が、あいづちのテンポが速すぎる**ように思います。

これは『話し方の教科書』にも書いたことですが、話をするときは「音のない時間や空白」も必要です。

ずーっと絶え間なく話をして、絶え間なくあいづちが打たれている……というのではお互いに疲れてしまい、落ち着いて大事な話もできません。**会話に適度な「空白」があることで、相手はリラックスでき、落ち着いて話をすることができる**のです。

だからといって、あまり「間」を空けすぎると、「聞いていないのかな?」と相手は不審に思ってしまいます。

会話のリズムを狂わせることなく、かつゆったりした適度な間、それはズバリ「1秒」です。

相手の言ったことに「1秒」置いてから、あいづちを打つのです。

Ⓐ「この人は表向きは賛成するようなことを言っているけど、最後の一言に本音が出てしまっているんです」

Ⓑ「(1秒待って)……なるほど」

1秒は結構長いものです。

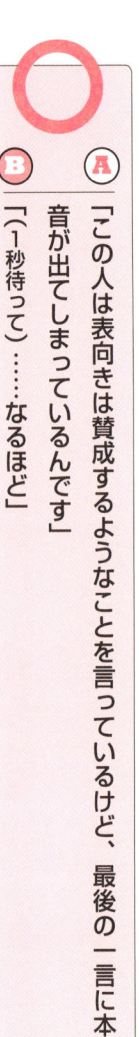

実際に時計の針を見て、感覚をつかんでみてください。

コツ 11

▼ほとんどの人は、あいづちのテンポが速すぎる。「1秒」置いてあいづちを打つだけで、会話が落ち着く。

あいづちの極意 4

「相手の言っていること」を反復・言い換える

Ⓐ「私には接客業が向いているみたいなんですよ」

Ⓑ「接客業が向いているのですね」

Ⓐ「年々、花粉症がひどくなってきて、つらいんです」

Ⓑ「花粉症ですか。つらいですね」

このように相手の言ったことをオウム返しで繰り返します。

相手の話をオウム返しで繰り返すことで、「私の話をよく聞いてくれている」「私の話を認めてくれている」という印象を相手に与えることができます。

あるいは相手の言っていることを「別の言葉」で言い換えるのも有効です。

A **「最近、スポーツジムに通いはじめたんです」**

B **「運動を始められたのですね」**

このように、**完全なオウム返しではなく、「少し違う言葉」で繰り返すのも効果的**です。

相手の言ったことをそのまま返すのはちょっと芸がないというときに、おすすめです。

ただ気をつけてほしいのは、「みなさんの合意が得られなくて……」「それはコンセンサスが得られなかったということですね」などと、**英語やカタカナのビジネス用語に言い換えるのは、あまり感じがよくない**ような気がします。

同じように、**難しい言葉や四字熟語に言い換えるのも、わざわざ「賢さ」をアピールしているようで好ましくない**と思います。

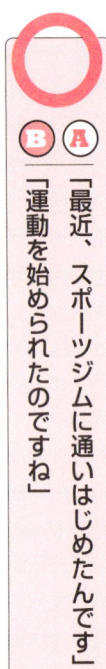

コツ 12

▼相手の言葉を「繰り返す」「言い換える」ことで、「自分の話を聞いてくれている」と思ってもらえる。

あいづちの極意 5

あいづちにきちんと「感情」を込める

どんなあいづちを打つにしても、いちばん大切なのは「言葉」だけでなく、きちんと「感情」を込めることです。

73ページで「共感してあげる」ことが上手な聞き方の最大のポイントだと述べました。あいづちも、**相手の言っていることに共感して感情を込めるあいづちを打つと、とても感じがよく、相手の心をつかむことができます**。

相手の立場に立って、相手の気持ちになりながら、「そうなんですね」と感情を込めて聞いてあげると、「この人は自分の言いたいことを本当にわかってくれているんだな」と感激してくれます。

このときは、**「低く、ゆっくり」あいづちを打つと信頼されます**。

逆に、**感心したときや驚いたときなどは、少し高い声で「へ〜〜〜」と言うなど、「声の高さに高低」をつける**のです。

「〜〜〜」の部分には素直な自分の気持ちが乗りやすいし、変化が出ます。やはり聞き手が乗ってくれたほうが、話す側も嬉しいと感じますよね。

感情をシンクロさせて聞くことで、相手にはとても満足してもらえますよ。

コツ 13

▼「言葉」だけでなく「感情」を込めることで、相手の心をグッとつかむあいづちになる。

あいづちの極意 6

冒頭に「でも」「いや」などの否定語をつけない

あいづち代わりに「いや」とか「そうじゃなくて」と何かにつけて否定語を冒頭につ

ける人がいます。

Ⓐ「私はあそこのカフェが大好きなんです」
Ⓑ「でも、あそこ、いつも混んでいるよね」

Ⓐ「この間、○○（映画）を観たよ。前評判はよくなかったけど、意外とよかった」
Ⓑ「いや、そうじゃなくて。あれは内容よりも宣伝方法が失敗だったよ」

こんな感じです。**「でも」「いや」「そうじゃなくて」をつけるのがクセのようになっている**のです。

悪気はないのかもしれませんが、相手の言うことをいちいち否定することになってしまいます。

相手の話に反対してはいけないと言っているのではありません。反対意見があるときは、相手の話を「なるほど、そうですね」といったん受け止めたうえで、「しかし私は、こう思います」と改めて言えばいいのです。

この間、「いや」と「そうじゃなくて」がクセになっている人とカフェに入ったのですが、こんなことが起こりました。

「私はダージリンティーにします。○○さんは？」

「いや、僕はグレープフルーツジュースで」

自分のオーダーを自分で否定するのはさすがにおかしいですね。これには本人も気づいて苦笑していました。

でも、この件で気づいたことがあるんです。

プロ野球で広島東洋カープがリーグ優勝したとき、古葉《こば》竹識《たけし》・元監督がテレビ番組のゲストで出演され、インタビューを受けていました。

「古葉さん、カープの優勝で広島市民は大喜びですね！」とアナウンサー。これに対して古葉さんはこう答えていたのです。

「いや、広島市民のみなさんには大変喜んでいただいております」

一瞬、「？」となりましたが、これはじつは肯定の返事なんですね。

このとき気づいたのは、古葉元監督の「いや」は、否定語として使用しているのではなく、「いや〜〜」という感嘆詞の短縮形（?）でおっしゃっているんです。

ずに済むかもしれません。

そう思うと、いま紹介した「いや、そうじゃなくて」さんの口グセも少しは気にならずに済むかもしれません。

コツ 14

できるだけ相手の話は否定しない。反論するなら、「そうですね」といったん受け止めてからにする。

あいづちの極意 7 会話を録音して「自分のあいづち」を聞いてみる

あいづちを磨くうえで、ぜひみなさんにやっていただきたいのは、**録音をして「自分のあいづち」を聞いてみる**ことです。

「なくて七癖」ではないですが、あいづちは人によってかなりクセがあります。また、**自分は、意外と同じあいづちしか打っていない**ことにも気づくはずです。

「えっ、自分はこんなあいづちを打っていたのか！」と驚き、ショックを受ける人もいるかもしれません。

あいづちに注意して聞いていると、「でへ～」などと意味不明なあいづちを打つ人もいたり、「フン」と鼻で笑うようなあいづちを打つ人もいたり、本当にいろいろです。

家族に承諾してもらったうえで、家での会話を録音して、聞いてみるといいでしょう。

自分のあいづちの傾向を知ることは、上手な聞き方の第一歩です。

▶おすすめのあいづち一覧

好感をもたれるあいづち

「はい」

「ええ」

「なるほど」

「おっしゃるとおりですね」

「なるほど、おっしゃるとおりですね」

「わかります」

「そうですね」

「そうですよね」

「そうなんですか!?」

「知りませんでした」

「それは面白い話ですね」

「びっくりです」

「同感です」

「さすがですね」

コツ 15

▼

上達の第一歩は「自分のあいづちのクセ」を知ること。同じあいづちばかり打ちがちなので、録音して聞いてみよう。

第4章

「態度・しぐさ」を変えるだけで、驚くほど「聞き上手」になれる！

★話を聞く「態度・しぐさ」ができていますか?

「この人って、なんだか他人行儀だな……」

「なんとなく話しづらいな……」

話を聞くとき、こんなふうに相手に距離感をもたれてしまうのは大きなマイナスですよね。

「この人ともっと親しくなりたい」「距離を縮めたい」というとき、**決め手となるのはじつは会話ではなく、「態度・しぐさ」**なのです。

冒頭にも書きましたが、どんなに熱心にあいづちを打って聞いていたとしても、**相手と一切、目を合わせなかったら、もうそれだけでアウト**ですよね。

そう、**聞き方において「ビジュアルの演出」はとても大事な要素**なのです。

『話し方の教科書』で、「話す内容」より「どう話すか」というデリバリーのほうが大切と書きましたが、これは「聞き方」にも言えることです。

アイコンタクト、姿勢、表情、声のトーン……、これも冒頭で書きましたが、こうした「言葉を使わないコミュニケーション」のことを英語で「ノン・バーバル(非言語)コミュニケーション」といいます。

心理学の世界では**コミュニケーションの中で「話し言葉」が伝えるのは2~3割で、あとは表情や声のトーン、態度、しぐさなどノン・バーバルな部分が占める**という意見もあるそうです。

実際、私も「話し方」について講演をするときは、「ボディランゲージについての話も入れてほしい」と要望されることがたくさんあります。

この章では、相手が「この人と話していると楽しい！」「この人は自分のことをわかってくれている！」と思わず納得してしまう、**魚住式3大メソッドのひとつ「聞き方の態度・しぐさ」**について考えていきたいと思います。

態度・しぐさのコツ 1

【姿勢】はここに注意

聞くときの「姿勢」はとても大切です。

まず、よくある「NGな姿勢」を挙げてみましょう。

✕ 相手に正対せず、いつも体を斜めに向ける

相手と話すときに、足を組むなど、なぜか「体を斜めに向けてしまう人」がいます。

とくに理由がなくても、**相手に対して、まっすぐ正対できない**のです。

まっすぐ向かい合うと照れくさくて、無意識にそうなってしまうのかもしれませんが、あまり感じがよくありませんよね。

「まっすぐ視線を合わせるのが苦手」という場合は、**まずは相手に体をきちんと向けて座るクセをつけた**うえで、114ページで述べるように目線の持っていき方を工夫するといいでしょう。

✕ 上半身(体)を揺らしながら聞く

「上半身をわけもなく揺らす人」はとくに男性に多いものです。

上半身が揺れていると、相手は無意識にも「どこか信用できない」「この人は話を聞いてくれていない」という印象をもってしまいます。

また、これをやられると、「体の揺れ」を目で追ってしまううちにクラクラしてしまい、**「会話中の船酔い」**をさせてしまうことがあるので気をつけてください。話を聞いているうちに、疲れて気分を悪くさせてしまいます。

相手の信用を得るには、上半身は無意味に動かさない。これは話すときも同様です。

✕後ろにふんぞり返って聞く

年配の男性に多いのですが、ふんぞり返って話を聞く人です。

風格を出したいのかもしれませんが、それをしても何もいいことがありません。

話を聞くときは少し前かがみ、前のめりになるくらいが、ちょうどいいと思います。

あまり身を乗り出しすぎると「圧」になってしまうので、「少し」というのがポイントです。

テレビの情報番組のコメンテーターの方々で、背もたれに体を預けてふんぞり返っている人は誰もいませんよね。みなさん、適度に身を乗り出して聞く姿勢を保っています。

後ろにふんぞり返って聞くクセがある人は、**会話中、背もたれに背中をつけないクセをつけるといい**と思います。

✕手が隠れている

普段、意識していないかもしれませんが、会話においては、手の位置も重要です。

手がテーブルの下に隠れているのは、「相手に心を許していない、信用していないサ

イン」になってしまいます。

手は必ずテーブルの上に出して、軽く組んだり、メモをとるなどして、**会話中は「相手から見える位置」に手を置きましょう**。

あと、これはどちらかというと女性に多いのですが、**会話中に爪をいじったりするのもNG**です。

コツ 16

▼**聞くときは体を相手に向け、上半身は揺らさない。少し前かがみの状態で、手は相手が見えるところに置こう。**

態度・しぐさのコツ 2

【足組み・腕組み】はここに注意

相手の話を聞くとき、足を組んだり腕を組んだりするのがクセのようになっている人も多いですよね。

✕ 足を組む

足を組む人はクセになってしまっているのだと思いますが、体が相手に向かって斜めになってしまい、**相手を避けている、拒否しているような印象**をもたれてしまいます。

腰痛の原因にもなるようなので、足はなるべく組まないほうがいいのですが、**どうしても足を組みたいときは、できるだけ相手に体が向くように足を組みましょう**。相手と正対している場合は、足を組んでも体は正面を向くようにします。相手が横に座っている場合は、相手に体が向くように足を組みます。

こうすると足を組んでも相手に体を向けているので、まだマシだと思います。

✕ 腕を組む

腕を組むのは「拒絶のポーズ」なので避けたほうがいいでしょう。これもクセになってしまっている人は気をつけてください。

コツ 17

▼足組み・腕組みは「拒否感」が出るので避ける。どうしても足を組みたいなら、相手に体が向くようにしよう。

態度・しぐさのコツ 3

【クセ】はここに注意

ほかにも、話を聞くときについ出てしまう「クセ」があります。印象を悪くしてしまうクセも多いので、気をつけましょう。

×髪の毛をいじる

女性に多い**髪の毛をいじるクセは、見ていて落ち着かない気持ちになります**。

じつは私も子どものころは髪の毛をいじるクセがあり、「髪の毛をいじるのははしたない」とよく父に怒られたものです。

×貧乏揺すり

貧乏揺すりをする人は、ビジネスパーソンの中にも意外に多いものです。

子どものときは注意してくれる人がいましたが、**大人になると面と向かって注意してくれる人も少なくなります**。

貧乏揺すりは、まわりの人を不愉快にさせてしまうので、**自分で気をつけて直すしか**

ないでしょう。

✕ 指をさす

「そうそう！　あそこでああなって、こうだったんです！」

興奮気味になると、相手に指をさしてしゃべる人も意外に多いですよね。

相手の顔に向かってダイレクトに指をささなくても、ジェスチャーとして相手のほうに指をさすのがクセになっているケースもあります。

これも**偉そうに見える、相手を見下す印象を与えかねない**など、デメリットが多いので、改めたほうがいいでしょう。

コツ 18

▼髪の毛いじり、貧乏揺すり、相手を指さすのは、デメリットしかないので、もちろんNG。

態度・しぐさのコツ 4

【目線（アイコンタクト）】はここに注意

「目は口ほどに物を言う」といいますが、目の動きや目線は、時として言葉以上に重要なコミュニケーションツールとなります。

✕ 相手の目を見ない

相手の目をまるで見ない、見てもすぐに目を逸らすのは完全なＮＧです。

「この人は自分を嫌っているのではないか」とか「何か隠し事があるのでは？」などと大きな不信感をもたれてしまいます。

ただ、あまりガッチリ視線を合わせつづけていると、日本人の場合は「圧」になってしまいます。

視線はダイレクトに相手の目ではなく、「眉間《みけん》」や「眉毛」「目の上下」「おでこ」「鼻」あたりに柔らかく向けるのがおすすめです。特定の場所ではなく**「目以外の顔のどこか」**でもいいと思います。

人と目を合わせるのが怖い、苦手という人もいますが、この方法ならやりやすいと思

うので、少しずつ練習してみてください。

✕ 目線を動かしすぎる

話を聞きながら、天井を見たり、横や下を向いたり、目線がキョロキョロして定まらない人がいます。これも話し手を不安にさせ、気分のいいものではありません。

コツ 19

▼ **話を聞くときの目線は、相手の目よりも、眉間や眉毛、目の上下、おでこ、鼻など「目以外の顔のどこか」がおすすめ。**

態度・しぐさのコツ 5 【座り方】はここに注意

話を聞くときは「座り方」もとても重要です。

相手と真正面で向かい合うのは、「敵対」してしまうのでよくありません。とくに日本人は正面で向かい合うのが苦手ですよね。

対面して向き合って座るのは、極力避けたほうがいいでしょう。**話をするときは、会議でもプライベートでも「コの字」が理想的**です。インタビュー番組もよくこうなっています。テレビ番組の『徹子の部屋』もこの形です。

飲食店でもコの字に座れる席がいいですね。デートなどもっと親密になりたいときは、**コの字でなくても、カウンターで横並びに座れる店を探すといい**かもしれません。

コツ 20

▼仕事もプライベートも「コの字」に座るのが理想。無理な場合は、横並びに座り、正面は避けよう。

態度・しぐさのコツ 6

【食べ物・飲み物(ミーティング、接待)】はここに注意

打ち合わせや接待など「仕事がらみの食事の場」での聞き方が求められることがあり

ます。食事をしながら仕事関連の話を聞くのは、ちょっと緊張しますよね。

「いつ食事をすればいいのか、いつ飲み物を飲めばいいのかがわからない」という声もよく耳にします。

たしかに相手が話をしている間にムシャムシャ食べるのは、あまり感じがよくないですよね。

基本的には相手が話をしている間は箸を止めて相手の話を聞き、相手が食べはじめたら、こちらも食べるようにしたほうがいいと思います。

「動作を合わせると気持ちもシンクロする理論」です。

相手のタイミングを待っていると、揚げたての天ぷらが冷めてしまうとか、握りたてのお寿司が乾きそうとか、残念な場合もあるかもしれません。

しかし、**打ち合わせや接待の場では「飲食を楽しむのは二の次」と割り切ることも必要**ではないでしょうか。

73ページで「共感してあげること」の大切さについて述べましたが、相手と「しぐさを合わせる」ことで、相手は自分に共感してくれていると感じ取ります。

話し手の「鏡」になって、さりげなくしぐさを合わせてみましょう。

相手が机の上で手を組んだら、自分も同じようにしてみる、飲み物を飲んだら自分も

飲むといった具合です。

コツ 21

▼食事中は、相手が話している間は食べずに聞き、相手が食べはじめたら、こちらも食べる「シンクロ」が基本。

態度・しぐさのコツ 7 【スマホ・携帯・パソコン】はここに注意

× スマホ・携帯いじり

スマホを見ながら、人の話を聞くのは論外ですよね。

相手と話をするときは、スマホは見ない、触らないというのは当たり前のことですが、意外にできてない人が多いものです。

さすがに仕事中にこれをする人はいないでしょうが、デートのときや、家庭で奥さん、旦那さんの話を聞くときなどには、ついやってしまいがち。

話しかけられているのに、スマホを見ながら返事をしていると、**「自分のことはどうでもいいのかな」「話が退屈なのかな」**と相手に思われてしまいます。

どうしてもという場合には、**「メールを1本だけ書かせてね」と相手に断ってから書く、**話をしている最中にメモをとりたいときや調べ物をしたいときは、**「その件について、ちょっと調べてみるね」と言ってからスマホを触る**ようにすると、相手に不快な印象を与えずに済むと思います。

×ノートパソコン

最近多いのが、仕事の打ち合わせのときに、ノートパソコンでメモをとる人です。

そのこと自体は別にいいのですが、パソコンの画面ばかり見て、まったく顔を上げない人がいます。これはちょっと感じがよくありませんよね。

私の個人的な印象ですが、**ノートパソコンでカチャカチャ打つより、ノートにメモを書くほうが、まだ顔を上げて相手を見る余裕がある**気がします。

またノートを使うと、「これはこういうことですか?」「こういう関係図ですね」などと**黒板代わりにみんなでシェアすることができる**という利点があります。パソコンではそれができませんよね。

パソコンにはパソコンの利点があるのも事実ですが、要は**相手に不愉快な思いをさせるような使い方をしない**ということです。

▶好感をもたれる／悪印象を与える態度・しぐさ一覧

○ 好感をもたれる態度・しぐさ

- 適度に目を合わせる
- 笑顔であいさつをする
- 姿勢はまっすぐ、上半身を動かさない
- 口角が上がっている

× 悪印象を与える態度・しぐさ

- 目を合わせない
- 周囲をキョロキョロ見る
- 貧乏揺すり
- 上半身が揺れる
- 足や腕を組む
- 無表情
- 不機嫌そうな顔つき

コツ 22

▼ **スマホを見ながら、人の話を聞くのは論外。悪気がなくても「無関心」「話が退屈」という印象を与える。**

第5章

「質問力」を身につければ、人生がいっきに開ける！

★相手の話を聞き出せるか、聞き出せないかは「質問力」次第

相手の話を聞き出すためには「質問力」が大きくものを言います。**質問力によって、相手の話が2倍、3倍にも広がることもあれば、半分にしぼんでしまうこともあります**。

ただ、質問というのも、なかなか難しいものです。

「えっ、いままでの話と全然違うけど……」みたいな質問をされて、話がいっきに逸れてしまったり、相手が話す気がなくなったりすることもあります。

私もさんざん失敗しましたから、**本当に「質問の重要さ」は強調したい**ところです。

また本を出版して自分が取材を受ける側に立って、はじめてわかったこともたくさんあります。

ここでは**相手の話の腰を折る「ダメな質問」、話を聞き出すための「いい質問」**の両方についてまとめてみました。

よくあるダメな質問 1

「あいまいで漠然としすぎた質問」をする

まず相手が答えに困るような「あいまいな質問」。これはとても多いものです。

A「昨日、プレゼンだったんでしょ？　どうだった？」
B「……まあ、なんとか」

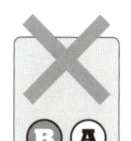

A「北海道旅行、どうだった？」
B「……うん、楽しかったよ」

これでは相手がどう答えればいいかわからずに、簡単な一言で終わってしまいますよね。

私も『話し方の教科書』を出版して以来、インタビューを受けることが増えましたが、次のような質問をされることが結構あります。

「『話し方の教科書』をお出しになられましたね。どうでしたか？」
「アナウンサーとしてのご経験をうかがいたいのですが」

あまりに漠然としすぎていて、ちょっと困ってしまいます。**質問が漠然としすぎていて、相手が「何を聞き出したいのか」がわからない**のです。

こういう場合は、こちらから「質問返し」をして、相手が何を聞きたいかを探り出して答えなければなりません。

よくあるダメな質問 2

いきなり「本題とズレた質問」をする

意外とやってしまいがちなのが、「本題とズレた質問」です。

せっかくこちらが一生懸命話をしているのに、話を聞きながら「本題とズレた質問」をいきなりする人っていないでしょうか。

「いまの私の話を聞いていたの？」「いまは、その話じゃないでしょ！」と気分がよくありませんよね。

✕

Ⓐ「こないだのプレゼンで気がついたんだけど、F部長ってとにかくリスクが気になるんだね。最初のうちにリスクマネジメントの部分をきっちり押さえておかないと、その先が安心して聞けないみたいで……」

Ⓑ「ふーん、ちなみに部長の血液型は、何だっけ？」

Aさんは F部長に対していかに効果的なプレゼンをするかについて話したいのに、Bさんは血液型についての質問をして、話の腰を折ってしまっています。

これでプレゼンの話に戻れるならまだいいですが、「血液型」「占い」などの話に流れていってしまうと、Aさんは「言いたかったこと」が言えず、モヤモヤが残ってしまいます。

知人3人でお茶をしたときのことです。

私とTさんは以前からの知り合い、Nさんはわりと最近知り合った人でした。

その席で、Tさんが最近、飼い犬が亡くなったという話をしたんです。

Tさんが犬をとてもかわいがっていたことを私は知っていましたし、

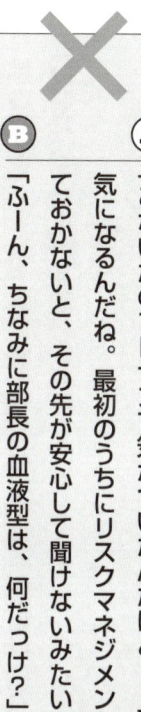

ペットを失う気持ちはとてもよくわかるので、その話を聞いてとても悲しく、痛ましく思いました。当然、その場はちょっとしんみりムードになりました。

そこにNさんの信じられない一言が……！

「あのさ、枕って何を使っている？　私さ、肩こりがひどくって。友達に言ったら、それは枕が合ってないいんじゃないかって言うんだよね」

（……こ、ここで枕の話!?）

Tさんと私は、心の中で同じ言葉を同時につぶやいてしまいました。

Nさんは気さくでサバサバした人なのですが、時としてこのような唐突な発言があって驚いてしまいます。


ここまで極端でなくても、たまにこういう人はいますよね。

別の質問をしたいとき、話を切り替えたいときには「ところで」「話は変わるけど」といった切り替えの言葉を入れるようにしましょう。

よくある
ダメな質問
3

「自分でも何を聞いているのか」わからない

Ⓐ「じつは、親の介護が大変でさ……。母親は足が悪いし、父親は認知症が進んでいて……。俺も仕事が忙しいから、つい介護を奥さんに任せてしまうんだよね。それで彼女もストレスがたまっているみたいで、夫婦の間ももめちゃって……」

Ⓑ「どうしてそうなってしまったの？」

Ⓐ「えっ、どうしてって……、親のこと？　奥さんのこと？」

Bさんは Aさんの話に対して受け答えをしているのですが、**自分でも何を聞きたいのかわからないままに、おざなりな質問をしてしまっています**。

おそらく「何か答えないと悪い」「とりあえず話を続けないといけない」という気持ちから、このような質問をしてしまっているのだと思いますが、結果として、話の腰を折ってしまっています。

よくあるダメな質問 4

「自分の決まった意見」に誘導しようとする

これは自分が取材を受ける側に立って、はじめて気がついたことです。

「魚住さんの本は『話すこと』を仕事にしている男性向けの内容ですよね？」
「ものすごくがんばらないと、話し方は上手にならないですよね？」

自分で先に結論を出して、決めつけた質問をする人がいます。

「いえ、そうではなく……」などと反論する形になってしまい、その場がちょっとギクシャクします。

もちろん、それぞれ自分の意見をもつのはいいことです。

問題は、相手を自分の意見、決まった意見に誘導しようとすること。

自分の意見は別建てで、「自分はこう思う」という言い方をしたほうがいいと思います。

特別付録1「雑談は『聞く力』で決まる！」（202ページ）も参考にしてください。

よくあるダメな質問 5

「聞き返し」がきちんとできない

相手の発言が聞き取れない、理解できなかったときの「聞き返し」も質問のうちです。

よくあるのが、**「は？」「え？」などと、あいまいに聞き返してしまう**ケースです。

これだと、何がわからないのか、相手は迷ってしまいます。また下手をすれば相手の言うことに疑問を投げかけている印象も与えてしまいます。

しかし、この聞き返しは、なかなか難しいものです。

英語では「Pardon?」という言い方があるので便利ですが、日本語ではそれに相当する言葉がありません。

こういうときは、もう話が止まってしまってもいいので**「ごめんなさい！　いまのところが聞き取れなかったので、もう一度お願いします」**ときっちり伝えたほうがいいでしょう。

「聞き取れなかった自分が悪い」という持っていき方にすれば、相手も気を悪くすることはないかと思います。

★魚住式「いい質問」8つの極意

こうしてみると「ダメな質問」も結構やってしまいがちですね。

では、どうすれば「いい質問」ができるのか。相手を「話したい」という気にさせ、どんどん話が聞き出せる「質問の極意」をまとめてみました。

「いい質問」の極意 1 相手の話と「質問の速さ×声のトーン」を合わせる

質問をするときは、相手と「速さ×声のトーン」を合わせるのが基本です。

相手が「速く、高い声」で話しているときは、自分も「速く、高い声」で質問します。逆に、相手が「ゆっくり、低い声」で話をしているときは、自分も「ゆっくり、低い声」で質問します。

こうやって**声のトーンを相手と同じにすると、自分の感情が相手とシンクロして、距離感が近くなります**。

相手と距離感があったままでは、どんなに上手な質問をしても、建前やお行儀のいい答えしか返ってこないものです。でも、「距離感を縮める」といっても、いきなりプライベートに立ち入った質問をしたのでは逆効果になってしまいます。

その点、**相手の話に「質問の速さと声のトーンを合わせる」のは誰でもできる、かなり使えるワザ**だと思っています。

ただし**別の話題を投げかけたい、雰囲気を変えたいというときは、意識して「速さ×声のトーン」を変える**ことが必要です。

私は質問をするときは「次の質問は、どのトーンでいこうかな」と考えます。明るい質問をするときは「ところで」と高くなるし、深刻な内容のときは低くなります。

同様に「速さ」も調整しています。93ページで紹介した図を参考に、質問の「速さ×声のトーン」をコントロールしてみてください。

コツ 23

▼ **相手の話に「質問の速さ×声のトーン」を合わせる。質問も「速く高い声」と「ゆっくり低い声」を使い分けよう。**

「いい質問」の極意 2

事前に準備をし、質問を用意する

「いい質問」は、なかなかその場でパッと思いつくものではありません。

まず仕事の場合は、**「いい質問」をするには、とにかく事前の準備が肝心**です。

私が自著についての取材を受けるときも、まったく本を読まずに来て、「何が書いてあるのですか?」から始める人と、ものすごく読み込んで「ここのこの部分なんですが、こういうときはどうすればいいのですか?」などと食いつくように聞いてくださる人がいます。その差は完成した記事におのずとあらわれます。**それほど準備は大切**です。

私もインタビューの前は必ず準備をします。

インタビュー相手がスポーツ選手や著名人の場合は、著作や掲載された雑誌の記事を読んでおきます。企業の場合なら、ホームページに目を通しておきます。ニュース検索も同様に行います。必要ならメモをとっておきます。

相手のことを調べて、質問事項をメモしておくのです。

時間が限られているときは、質問に優先順位をつけておくといいでしょう。

私のように「聞くことが仕事」でなくても、質問を用意しておくことで、いざというときに慌てずに済みます。

仕事の場では、メモした「聞きたいこと」にチェックを入れながら質問するといいと思います。

一方、プライベートの場、たとえばお見合いや初デートの場では、メモを取り出して読み上げたら、「変な人」になってしまいますよね。

でも**「これを聞きたい」というリストを頭の中で整理しておくだけでも違う**はずです。

また「いい質問」をするためには、相手に対する「下調べ」が欠かせません。

まずその人のことを知っている人がいれば、さりげなくどんな人か聞いてみるという方法もあります。

その人がSNSをしている場合は、それをチェックするのも手です。会ったことのない人のSNSを見るのは「のぞき見」みたいでちょっとためらうかもしれませんが、**SNSは相手が「公開」している情報なのですから、堂々と見てもいい**と思います。

その人がSNSで公開している情報は、ある意味でその人の「自分はこういう人間である」という自己演出の部分もあるわけです。だから、そこから**「この人とはどんな話をすればいいか」というポイントを読み取ることができます**。

たとえばプレゼンとか出張とか、仕事関係のことを多く投稿している人は、仕事にや

りがいを感じている人、仕事にプライドをもっている方だと推察できます。ですから「お仕事、お忙しそうですね！」などと仕事の話を振ると会話が弾む確率が高いと思います。

またサイクリングやスキーなど、趣味関係の投稿が多い人には、「ご趣味は何ですか？」と水を向ければ、その話で盛り上がる可能性は大ですね。

初対面の人がどんな人かまったくわからない状態でのぞむよりも、**少しでも事前に情報を得ておくことで、話のとっかかりができます**。

話もスムーズに進行し、こちらの気持ちも落ち着きます。

コツ 24

▼「いい質問」には、事前の準備がとにかく大切。相手のＳＮＳを見たりして、話のとっかかりにしよう。

「いい質問」の極意 3

具体的に聞き、「深掘り質問」も用意する

「いい質問」をするための最大のコツは「具体的に」聞くことです。

A「昨日、プレゼンだったんでしょう？　どう、感触は？　通りそうな感じ？」

B「うん、なんとかいけるんじゃないかと思う」

A「ああ、そう。よかった。部長はなんて言っていた？」

B「そうだね、懸案事項が2つほどあったけど、それがクリアできればいけると言われたよ」

A「そう、よかったね！」

A「北海道旅行に行ったんだよね。どこを訪ねたの？」

B「函館と札幌。1泊ずつしたよ」

A「うわ〜、いいね。函館はどこに行った？」

B「函館ははじめてだったから、レンガ倉庫と夜景の定番コース」

A「テッパンだよね！　食事は？　おいしいものたくさん食べたんでしょう？」

B「もちろん！　お寿司もおいしかったけど、函館には有名なハンバーガー屋さんがあってね……」

こんな感じで「具体的」に聞いていくことで、相手はとても答えやすくなります。

また、**相手の話をさらに深めたり、広げていきたいというときには「深掘り質問」をします**。これは相手の言い方が抽象的だったり、話がわかりづらかったりするときにも有効です。

「それは具体的に言うと、どういうことでしょうか？」
「……というと？」
「たとえば例を挙げると？」

こんな感じです。

さらに相手の本音を聞き出すために、とても効果的なのが次の質問です。

「〇〇と思われていますが、実際のところはどうなんでしょうか？」

これはかなり使える質問です。

また、相手が具体的な例を出すのに苦慮しているような場合には、こちらから「それは、たとえばこういうことでしょうか？」などと例を提示してもいいと思います。

また、相手の言っていることが理解できないときは、正直に聞きましょう。

「ごめんなさい、勉強不足で少しわかりづらいのですが……」
「わかっていなくて申し訳ないのですが、こういうことでしょうか」

知ったかぶりをするのはよくありません。

コツ 25
▼質問は「具体的に」聞くのが最大のコツ。話を深めるための「深掘り質問」も用意しておこう。

「いい質問」の極意 4 知っていても、「あえて知らないふり」をする

事前に相手について調べることが大切と述べましたが、事前に調べたことをひけらかすのは考えものです。

A「○○さん、料理が趣味だそうですね。休みの日はご家族に手料理をふるまうのですよね」
B「……うん、そう」
A「お得意は中華料理なんですよね」
B「……うん、そうね」

このように、あまりひけらかしてしまうと、場が白けたり、相手から話がそれ以上、出てこなくなったりします。
あるいは、先回りしすぎるのも同様にNGです。

A「○○さん、お料理がご趣味と伺いましたが……」
B「うん、休みの日の家族の夕食はだいたい僕がつくるね」
A「知っています！　中華料理をつくるんですよね！」
B「……うん」

これではちっとも盛り上がりませんよね。

自分が言いたいことを相手に先回りして言われてしまうと、人は鼻白んでしまうもの。

相手が「休みの日に料理をするのが趣味」という情報があったら、それを活かして次のように聞きます。**ポイントは、「知っていても、あえて知らないふり」をして相手に話をさせる**ことです。

A「○○さん、お料理がご趣味と伺いましたが……」

B「うん、休みの日の家族の夕食はだいたい僕がつくるね」

A「それはステキですね。どんなお料理が得意なんですか?」

B「そうね、何でもつくるけど、やっぱり中華料理が多いかな。餃子なんかも皮からつくるんだよ。北京ダックをつくったこともあるよ」

A「すごい。本格的ですね!」

B「でも、最近はあまり油っぽいものは娘が嫌がるから、和食もつくるよ。このあいだも金目鯛の煮つけをつくったし」

A「うわー、ヘルシーでお嬢さんも喜びそうですね」

こんな感じで質問をしていくと、話が盛り上がりますよね。

それに、当初の「中華料理をよくつくる」という情報にプラスして、「餃子も皮からつくり、北京ダックまでつくることができ、和食もよくつくるかなりの本格派」という**「さらに新しい情報」も聞き出すことができる**のです。

コツ 26

▼知っている話でも「あえて知らないふり」をする。そうすると、「さらに新しい情報」が聞き出せる。

「いい質問」の極意 5

準備はするけど、「いま」を優先する

「知っていることでもあえて知らないふり」にも通じることですが、**調べたことにあまりとらわれすぎないことも重要**です。

というのも、**「調べたこと」はすでに過去のこと**だからです。

たとえば事前に「Aさんはゴルフが好き」という情報を得たとします。

ところが、それは少し前の話で、いまはゴルフではなくて自転車がAさんの趣味になっているかもしれません。

そこへ「ゴルフは主にどちらに行くのですか？」「打ちっぱなしにも行かれるんですか？」などと、ゴルフのことばかり聞いていたら、「自転車」の話は聞けませんよね。

「いま」の情報、最新情報は、目の前の本人こそがもっているわけです。そこを聞かずして、過去の話をしたのではもったいないですよね。

でも、これは「事前の下調べをしなくていい」ということではありません。最低限の知識を頭に入れておくことは絶対に重要です。

事前に調べたことを念頭には置きながらも、ライブ感を大切にして、「いま」の話をすることが重要なのです。

コツ27

▼事前の準備はするけど、情報が古い可能性もある。事前情報にとらわれすぎず、「いま」の話を大切にする。

「いい質問」の極意 6

「聞きにくい質問」は一般論から入る、まずは自分の話から始める

どうしても聞いておきたいけど、ちょっと聞きづらい質問というのもありますよね。

たとえば婚活の場――合コン、お見合い、デートなどで「相手の年収を聞きたい！」なんてこともあると思います。

お金の話は聞きづらいですが、結婚においては大事なことでもあります。

でも、これをストレートに聞いてもなかなか答えてもらえません。

✕

Ⓐ「〇〇さんの年収はおいくらですか？」
Ⓑ「ええっ⁉」

この聞き方で答えてくれる人もいるかもしれませんが、大胆すぎますね。

こういうときは、**まず「一般論」から入る**といいと思います。

ここではお医者さんに対して、どのぐらいの年収か聞きたいとしましょう。

Ⓐ「お仕事、お忙しそうですね。外来のときは、患者さんを何人ぐらい診るのですか？」

Ⓑ「そうですね、忙しいときは1日50人以上というときもありますね」

Ⓐ「うわ〜、50人ですか。本当に激務なんですね。でもその分、お給料もいいんですよね。だいたい勤務医の場合、30歳くらいで年収ってどのぐらいなんでしょうか？」

Ⓑ「うーん、病院にもよるけど、平均700万〜800万円ぐらいかな」

「勤務医の場合、30歳くらいでは」などと一般論の形にして聞くと、比較的答えやすいですよね。そのあと「もしかして、〇〇さんの年収って聞いていいですか？」と重ねて聞けば、いきなりストレートに質問するより、相手が答えてくれる可能性は高いと思います。

ざっくばらんな人なら、最初の質問で「700万〜800万円前後ですかね。私が32歳でそのぐらいなので」というように答えてくれるかもしれません。

また、お金の話をするなら、**自分の話を先に伝えてから相手に聞く**ほうがいいかもしれません。

「○○さんの年収って聞いていいですか？　あっ、私はいま、年収400万円ぐらいなんですけど」などというようにです。

コツ 28

▼「聞きにくい質問」は、まずは一般論として聞く。「自分の話」を先にすると、話してくれる確率が上がる。

「いい質問」の極意 7

「本当に聞きたい質問」の前に「周辺質問」から攻める

前項に続きますが、**聞きづらい質問、あるいは本当に聞きたい質問は「周辺質問」から攻めていく**という方法もあります。

たとえばプライベートの場で、ちょっと気になる人がいて、その人に彼女（彼氏）がいるのか、結婚しているかどうかを聞きたい、でも単刀直入には聞きづらいというとき。

このような場合は、**核心から少しズラした「周辺質問」で、聞きやすいところから聞**

いていきます。

「○○さんは、お休みの日は何をされているのですか？」

この質問なら、相手も抵抗なく答えてくれますよね。

「そうですね、家族サービスに付き合わされています」だったら既婚確定。

「僕はサイクリングが趣味なので、だいたいサイクリング仲間とツーリングです」という答えなら独身の可能性大。

「じゃあ休みの日は家にはいないのですか？」

「一人暮らしですから、家にいてもすることがないんです」

彼女もいないことが確定です。

あるいは「○○さんってすごくモテるんでしょう？」と水を向けることもできます。

「いや、私はもう夫も子どももいるので、モテるも何もないですよー」

と言うのなら既婚の方。

「いや、全然ですよ〜。私、いま彼氏募集中なんです」

と言うなら、彼氏がいない女性ということがわかります。

聞きづらい質問は、この核心からちょっとズラした「周辺質問」から攻めていく手を使ってみてください。

コツ 29

本当に聞きたい質問は、いきなりそれを聞かず、「周辺質問」など聞きやすいところから聞いていく。

「いい質問」の極意 8

相手が「イエス」「ノー」で答えられない質問をする

『話し方の教科書』でも紹介しましたが、**会話を盛り上げようと思ったら、相手が「イエス」「ノー」で答えられない質問をする**ことです。

というのも、相手が「はい」「いいえ」で答えられる質問をしてしまうと、話がちっとも盛り上がらないからです。

×

A「プレゼンお疲れさま。やっぱり人前で話すのって緊張するでしょう」
B「うん、緊張した」
A「あの最後に出た質問、あそこで予算のことを聞かれるなんて、予想外じゃなかった？」
B「そうそう」
A「でも、あの質問が出たおかげで、予算の見通しも立ったわけだからさ、結果としてよかったんじゃない？」
B「……そうだね」

質問をしている側が、先回りして相手の返事を言ってしまっています。質問された側は「はい」「いいえ」としか答えようがなく、これでは会話が弾みません。

相手の返事が「はい」「いいえ」にならないためには、次のように聞くといいでしょう。

○

A「プレゼンお疲れさま！　どう、緊張した？」
B「うん、緊張した。変な汗をかいちゃったよ」
A「最後に予算のこと聞かれたね」

会話が盛り上がらない…

B「そう、急に聞かれて焦っちゃったよ。予算のことは別建てで、いろいろ根回ししてから部長に申請しようと思っていたからさ」
A「でも、きちんと説明できていたよ」
B「ありがとう。しどろもどろだったけどね。でも、おかげで、あの場で部長の決裁を仰げたから、結果としてよかったよ」

これなら会話が弾みますね。

りえの失敗エピソード

『話し方の教科書』にも書きましたが、24時間テレビのマラソンランナーにインタビューしたとき、私はこの失敗をしてしまったのです。

ランナーへのインタビューはランナーが休憩に入ったタイミングで行うので、持ち時間はほんの数分です。

私「ふくらはぎが痛いんですね？」

ランナー「……はい」

私「走り出して30分ぐらいで痛そうにされていましたね？」
ランナー「……はい」
私「休憩に入って、お水をだいぶ飲まれていましたね？」
ランナー「……はい」

私が答えを全部先に言ってしまっているので、「はい」「そうです」としか答えようがないのです。

プロデューサーから「魚住、お前はしゃべるな！」「○○さんにしゃべらせろ！」とカンペが出されたのですが、時間終了……。

私「足を引きずっていらっしゃいましたね？」
ランナー「ふくらはぎを痛めてしまったみたいで、かなり痛いです」
私「いつごろから痛みを感じたのですか？」
ランナー「走りはじめて30分ぐらいからかな」
私「休憩に入って最もしたかったことは何ですか？」
ランナー「とにかくお水が飲みたかったです。もう暑くて、脱水症に

なりそうで」

こうやってランナーに話させなければいけないんですね。

パターンとしては、「はじめに」で述べた生放送の歌番組でのインタビュー（12ページ）と同じ失敗。私の中では「二大失敗」です。

コツ 30

▼会話を盛り上げようと思ったら、相手が「イエス」「ノー」で答えられない質問をしよう。

第6章

「よくいる困った人」への12の聞き方

――ピンチをチャンスに変える！

★ピンチをチャンスに変える「困った人」への聞き方

相手がニコニコと感じよくて、フレンドリーに話してくれる人だったら、聞く側も苦労しません。そうではなくて、相手によっては口数が少なかったり、ちょっと機嫌が悪かったりする場合もありますよね。

でも、そんな人でも、**最後は「笑顔」になってもらうのが私の聞き方**。

そのスキルをこの章で伝授します。私はこの方法で企業家や政治家、プロスポーツ選手など「難しい人」を多く攻略してきました。

また、話が逸れまくったり、話がとめどなく続くなど、いろいろピンチな局面があるものです。そういう場面に対応する方法もあわせて紹介しましょう。

よくいる困った人の対処法 1

【話が長い人】への聞き方

話が長い人っていますよね。

そういう人に限って、何度も同じ話をしたり……。まさか「その話を聞くのは都合5回目です」と言うわけにもいきません。

聞きたいことや本題とズレた話を延々とされるのも困りますよね。そういうときは上手に話を切り上げたり、サッと話題を変えてしまいましょう。

★息つぎ、話が一区切りするときを狙う

どんなにすごい勢いでしゃべる人でも、息つぎをしますよね。あるいは、話が一区切りして止まるときがあります。その**息つぎの瞬間を狙ってカットインする**のです。

このときのコツは、**「高く、速く、大きく」の3つ**です。どれかひとつでも構いません。話が途切れない人はカットインのチャンスが少ないということでもありますから、思い切っていくことが大切です。

コツ 31

▼ **相手の話が長いときは、「息つぎのタイミング」を狙う。「高く、速く、大きく」カットインして話に区切りをつけよう。**

よくいる困った人の対処法 2

【一方的に話す人】への聞き方

【話が長い人】にもつながりますが、途切れることなくパーッと一方的にしゃべる人もいますよね。

気持ちや時間に余裕があるときならいいですが、そうでないときは困りますね。

上手に話題を変えたい、話を打ち切りたい、そんなときは、**「あいづち」でコントロールするのが効果的**です。

★あいづちでコントロールする

相手がパーッとしゃべっているときは「無言」で聞き、話を切り上げたいときだけ、「はい」とあいづちを打つのです。

そして「すみません、私の聞きたいことは……」と持っていくといいと思います。

ずっと「はい、はい、なるほど」とあいづちを打って聞いていると、相手は気持ちよくなって話を続けてしまいます。**「無言」がポイント**です。

特別付録3で紹介する「池上彰さんの聞き方」（238ページ）も参考にしてください。

コツ 32

▼一方的に話す人は、「あいづち」でコントロール。
相手が話す間は「無言」、切り上げるときに「はい」と言う。

よくいる困った人の対処法 3 【自慢話が多い人】への聞き方

「○○社の△△くんは俺が新人のときに指導したんだ。偉くなったよな、あいつも」

「あのプロジェクトはじつは俺が提案したんだ。社長の発案ってことにしておいたけどね」

「この前、家の車をベンツに買い替えちゃったら、お金がなくて」


ことあるごとに何かにつけて自慢をしてくる人っていますよね。

でも、言い方はよくないかもしれませんが、自慢する人はわかりやすい人です。

自慢は「ほめてほしい、認めてほしい」のアピールであって、そこさえ満たしてあげれば機嫌よくいてくれるのですから。

では、どうすればいいか。

★「すごいですね！」「さすがです！」と乗って聞く

これはもう簡単な話で、**「すごいですね！」「さすが!!」と乗って聞けばいい**のです。

感心して聞けば、それだけで角が立たず、丸く収まるのだからありがたいことです。

どうしても聞きたくないとか、時間がないときは「お話を聞きたいのは山々なのですが、ちょっとお時間が……」と言って切り上げましょう。

「あなたの話を聞きたい」という意思表示がミソです。

コツ 33

▼自慢話が多い人への対処法は簡単。「すごいですね」「さすが」と話に乗ってあげる。

よくいる困った人の対処法

4【話が難しい人】への聞き方

パーティや飲み会など、何人か集まって話すとき、まったく未知の世界の話が始まってしまったとします。

たとえば、外資系の金融機関で働く人が聞いたこともない外国の企業の株式の動向や億単位の投資の話をしたり、あるいは大学教授が物理学や医学の話をしたり、はたまた普通のビジネスパーソンでもすごくマニアックな音楽や映画の話をしはじめたり。

こういうときは、ただ押し黙って聞いているだけ……になりがちなもの。

それだと、その場が盛り上がりませんね。かといって内容がわからないのですから積極的に参加することもできません。

では、どうするか。

★「教えてください」の姿勢で聞く

私は**自分の知らないジャンルの話の場合は、「何も知らないので教えてください！」という姿勢で聞く**ことにしています。

たとえば、精神科医のお医者さんとの会話です。

A「ごめんなさい、遅くなって。ちょっと患者さんのケアで緊急なことがあって……」

B「大変ですね」

A「詳しく話せないんだけど、統合失調症の患者さんで、治療がうまくいってなくて」

B「統合失調症って治療が難しいんですか？」

A「うん、投薬とオープンダイアローグで治療をしているんだけどね」

B「オープンダイアローグって何ですか？」

こんな感じで「教えてもらう」ことで、自分のインプットになります。知らない世界のことを教えてもらうのは、とてもいい勉強になります。

でも、**ただ聞くだけでなく、相手の仕事を思いやったり、ほめたりすることを忘れないように**しましょう。また、あまりに何も知らない人がいくつも質問を浴びせると、相手に疎ましく思われる可能性もあります。そのあたりは、ほどほどにしましょう。

コツ34

▼相手の話が難しい、内容がわからないときは、「教えてください」の姿勢で、勉強の機会にしてしまおう。

よくいる困った人の対処法 5

【話がつまらない人】への聞き方

「社長の朝礼が長くて、話がつまらなくて……」
「この間は、おじさんたちのゴルフの話に付き合わされて。私はゴルフをしないから、本当に退屈だったわ」

つまらない話を聞かされる、興味のない話を聞かされる……。誰にとってもあまり嬉しいことではないですよね。

私もまったく専門外の話、理解の難しい話を聞かなければならないときもあります。

こういう場合には、【話が難しい人】にもつながりますが、私はどんな場合でも**話し手は「人生の先生」だと思う**ようにしています。

★相手を「人生の先生」だと思って聞く

たとえ相手が子どもであっても、あるいは苦手な上司であっても、**「誰でも先生」「誰でも師匠」と思って聞けば、意外な「学び」が得られたりする**ものです。

本書の冒頭でも述べましたが、やはり**人の話を聞くことは、絶好の情報収集のチャンス**だと思います。ネットに載っていないライブの情報が聞き出せることも多いし、視野も広がります。

そう思えば、「つまらない話」も少しは違って聞こえるのではないでしょうか。

どんなに興味のもてない話でも、ひとつぐらいは自分の関心に引っかかるキーワードがあったりするものです。

たとえばゴルフの話には興味がもてなくても、そのゴルフの帰りに寄った温泉やその地方の名物の食べ物の話なら楽しく聞けるかもしれません。その場合は「話を深掘りする質問」（134ページ）などを使って、そこを広げてみるといいですね。

コツ 35

▼相手の話がつまらなくても、「人生の先生」と思って聞くと、意外な発見がある。

よくいる困った人の対処法 6 【気難しい人】【感じが悪い人】への聞き方

ささいなことで怒り出す人、嫌なことを言って攻撃してくる人、あるいは最初から不機嫌モード全開でブスッとしている人……。

こういう人と接しなければいけないのは、気が重いものですよね。

そういう場合は、私は**とにかく相手をほめまくります**。

★とにかく相手をほめまくる

自分に興味をもたれて、さらにほめられて嫌な気持ちになる人はいません。

「すごいキャリアをおもちなんですね！」
「先生のことをみなさんが名医と言います」
「お話がすごくわかりやすいです。ありがとうございます！」

いいと感じたことはすべてほめて、まずは相手の気持ちを和ませてあげることに徹します。

こちらに敵意がないことがわかると、相手もだんだん落ち着いてきて、笑顔を見せてくれるものです。

「機嫌が悪い」というのは、相手の発している「サイン」と捉えることもできます。**「自分がいま機嫌が悪いことをわかってほしい！」という気持ちのあらわれが、不機嫌な態度や表情**だったりするわけです。

ですから、親しい間柄であれば、そこを逸らさずに「どうした？」「何かあった？」と聞いてみるのもいいと思います。

相手が「自分のことを思いやってくれている、自分を認めてくれている」と理解すれば、それだけで機嫌がよくなることもあるものです。

ちょっと前のことです。『話し方の教科書』に関連したイベントの仕事を依頼されて、事前の打ち合わせをしたときのことです。

相手は担当の女性と、その部下の若い男性。

こちらは私と、出版社のPR担当のKさんが同席してくださり、私はそのあと別件で撮影があったのでフルメイクをしていました。

ところが部下の男性の方は時間どおりにいらしたのに、相手の女性は15分ぐらい遅刻してきたのです。

「いやー、前の打ち合わせが押しちゃって……」

と登場してきたのですが、「すみません」という言葉はとくになし。

というよりも、その女性は最初からなんだか無愛想で雰囲気がよくないのです。

「おみやげをもってきたんですけど」と彼女は言いながら、お菓子を放り投げるように置き、「本、忙しくて読んでないんですが、何が書いてあるんですか？」と、つっけんどんに言うのです。

（えっ……）

心の中で固まりました。本に関連したイベントということだったのに、

その本を読んでいないなんて……。しかも、この態度……。疑問がいっぱいです。ここまで不機嫌をあらわにしている人は、局アナ時代を含めて、お目にかかったことがありません。

「この人、私のことが嫌いなのかな？」とまで思ってしまいました。

「でも、それなら、なぜ私を呼んだんだろう……」

ふと見ると、いつも穏やかで怒ったところなど一度も見たことのないKさんが、口を真一文字に結んで、ただならぬ表情をしています。

「……Kさんが怒っている！　あのKさんが怒りをこらえている」

これはいけないと思いました。

この人を笑顔にできなければ「看板に偽りあり」になってしまう。いまこそ「魚住式 聞き方メソッド」の本領発揮だと思いました。


では、そこで私はどうしたか。

机の上のお菓子が目に止まりました。そうだ、お菓子をわざわざもってきたということは、この方の「うまくやりましょう」という意思表示だと思いました。

そこで私はまず、彼女のもってきたお菓子をひとつ、食べたんです。

★「動作」で示し、相手の警戒心を解く

本当は撮影用のメイクをしているので、口紅もとれてしまうし、ものを食べるのはNGなのですが、この際そこは目をつぶって、**「あなたのことを受け入れますよ」というサインのつもり**でいただきました。

これで少し空気が変わりました。

「このお菓子、とってもおいしいですね！　はじめて食べました！　どちらのお菓子なんですか？」

「じつはいま、出張で京都に行っていたんです。京都で買った珍しいタイプの八ツ橋なんですよ」

ということで、よくよく聞いてみれば京都からの出張帰りで新幹線に間に合わず、遅刻をしてしまったこともわかりました。どうやらバツが悪かったようです。

そこからは**「とにかく相手に興味をもって質問をする」**ようにしました。

「ところで○○さんは、こちらのお仕事は長いのですか？」

「ほかにはどんなイベントを開催されていらっしゃるのですか？」

そこから数分で、この方が帰国子女であること、旦那さんは東南アジアの国の方だという情報をキャッチできました。旦那さんとは文化の違いもあってしょっちゅうケンカ

になると言っていました。自分の話をするのは苦ではないようです。もしかして彼女もいろいろあって、ストレスがたまっていたのかもしれません。

そのあたりからこの方に「笑顔」が出るようになり、話が和やかに進み、最後は「握手」で打ち合わせが終了したのです。最後の言葉は「今日はいろいろとごめんなさい、次回までにしっかり本を読んでおきます」でした。

終了後、Kさんは「魚住さんはすごい！」としきりに驚いていらっしゃいました。

この場合、私は怒ってもいい立場なのかもしれません。

でも、ここで私が怒って、「あなた、何なんですか」「もういいです！」とやってしまったら何にもならない。相手もこちらも、誰もハッピーになりません。

それより、**上手に対応して、相手に気分よくなってもらい、みんなが笑顔で前向きになったほうが絶対にいい**ですよね。

その意味では、いい魚住式メソッドの実践の場、勉強の場だったと思っています。

コツ 36

▼気難しい人、感じが悪い人は、ほめまくるのが基本。「相手を理解している」のを態度で示し、警戒心を解く。

よくいる困った人の対処法 7

【怒っている人】への聞き方（クレーム対応&謝罪）

「おたくの店員さんにこんなことをされたんですよッ！」
「いい加減にしろよ、いつまで待たせるんだよ！」

怒りが沸点にまで達している人、クレームの言葉が止まらない人に対して、**いちばんやってはいけないことが、すぐに「言い訳」をしてしまう**こと。

これをすると相手は「自分の言いたいことを遮られた」という不満から、よけいに怒りが沸騰します。

では、どうすればいいのでしょうか。

★怒りを吐き出させて、「怒りの気持ち」に共感する

怒っている人に対しては、まず相手の話を十分に聞き、吐き出してもらうことです。

そのちに、しっかりお詫びするなり、理由なりを述べます。このとき、その人の**「怒**

りの気持ち」に共感してあげることが大切です。

「ご不便をおかけし、お客様がお怒りになるのもごもっともです」

「さぞやご気分の悪い思いをされたかと思います」

こういう共感の一言を添えると効果的です。

また、**怒っている人に対しては、「ゆっくり、低い声」で話すこと**です。

怒っている人は「速く、高いエネルギー」をぶつけてきますが、それに乗らないこと。

あくまでも落ち着いた態度でいることで、相手の怒りも早く収まるはずです。

コツ 37

▼ **怒っている人には、まず怒りを十分に吐き出させる。怒りに共感し「ゆっくり、低い声」で話すと、相手も落ち着く。**

よくいる困った人の対処法 8

【無口な人】への聞き方

「今日は暑いですね」

「はい」

「○○さんは、こちらの支社は何年目ぐらいですか?」

「5年目です」

「そうですか」

「………」


話の弾まない人、必要最低限しか返事をしない人もいますよね。

本当は、会話を続けるために、相手からもこちらに質問を投げ返してほしいところですが、この人に限っては無理そうです。

無口な人には、どう接すればいいのでしょうか。

★どんどん質問をして盛り上げる

無口な人の場合は、やはり質問をして答えてもらうのが、いちばん簡単です。

どんな人でも、必ず得意なジャンル、好きなことがあるはずです。そこをピンポイントで探り当てて、そこに興味をもって「質問」していけば結構、話に花が咲くはずです。

オーソドックスなのは、相手の仕事について聞くことです。あるいは会社の仕事内容や、もっと大きく、その業界の動向や景気について聞くのもいいでしょう。とくに**男性は自分の仕事の話をするのが大好き**です。

または「鉄板ネタを出す」（205ページ）も使えます。

まずこちらが自己開示をして「自分はこんな人」というのを出すことで、相手も自分の話を始めるかもしれません。

というのは無口な人、口数の少ない人は「自分の本心を知られたくない」「嫌われたくない」という思いが強くてそうなっている場合があります。**こちらがまず自分をある程度出すことで、相手に安心してもらう**のです。

ただ、こうやっていろいろワザを繰り出すのは結構気疲れするものです。1回だけならいいとしても、2回目、3回目となると少々気も重くなってきますよね。

無口な人、しゃべらない人は、会話がなくても気にならない人でもあると思うのです。

だから**少しぐらい沈黙が続いても、あまり気にしないことも大切**だと思います。

私の知人女性の話です。

彼女があるときお見合いをしたそうなんです。場所はホテルのロビーラウンジ。

ところが、相手の男性がものすごく無口な人で、向こうから話しかけてくることがほとんどない状態。

でも、彼女はマスコミ関係の人だったので、インタビューには慣れています。

そこで「質問力」を総動員して、ありとあらゆる話を振ったそうです。

仕事、趣味、旅行、好きな食べ物、休日の過ごし方、音楽、読書、落語、子ども時代はどんな子だったか、家族、友達、ファッション……。

ところが何を聞いても、相手からの返事はほんの一言、二言。

そのことについて話が深まったり、彼のほうから「あなたはどうですか？」という聞き返しが来ることは一切ナシ。

「この人は私に興味がないんだ……」

「この場にいるのが楽しくないんだ……」

彼女は心の中で落胆しつつ、それでも短時間でさっさと切り上げるの

はマナー違反だと思い、がんばって質問をしつづけたそうなんです。「質問する」→「一言、二言の答え」→「また質問する」→「一言、二言の答え」……。

これを延々と続け、そしてついに「ああ、どうしよう、もう聞くことがない！」となってしまいました。ふと時計を見ると、2時間が経過しています。

――これだけの時間、話したのなら、もう終わりにしていいわよね。

彼女は心からホッとして「じゃあ、今日はこれで……」と席を立とうとしました。

すると、相手の男性から、こんな信じられない一言が……。

「このあと、食事でもどうですか？」

なんと、男性は彼女のことを気に入っていたのです。自分に興味をもってくれて、いろいろ聞いてくれたのが嬉しかったのですね。

（じょ、冗談じゃない！）

これは彼女の心の叫び。丁重にお断りして帰り、すぐにお見合いの話をもってきてくれた人にお断りの電話を入れたそうです。

もちろん、この男性の態度はお世辞にもほめられたものではありません。ただ、彼女の前で緊張してしまって、自分から質問ができなかったのかもしれません。

しかしここからわかるのは、相手の反応が薄かったり、よくなかったりしても、**質問をされるのはやはり相手にとって嬉しい**ことなんです。少なくともこちらの気持ちは伝わると思います。

コツ 38

▼**無口な人にも、好きなことや得意ジャンルがある。相手の得意分野の質問をして盛り上げよう。**

よくいる困った人の対処法 9 【愚痴や悪口ばかり言う人】への聞き方

愚痴や悪口を聞かされるのは困りますよね。

聞いていて気持ちのいいものではありませんし、聞き方がとても難しいものです。

とくに難しいのは、その場にいる全員が、ある人の悪口を言っているとき。

下手に「そうだね」「ホントだね」などとあいづちを打ったがために、「一緒になって悪口を言っていた」と「共犯者」にされてしまうこともあります。

でも、正面切って「愚痴や悪口はよくないと思う」「そんなことを言うのは間違っている」などとダメ出しをするのは、大人のやり方として上手ではない気がします。別のところで、「あの人、善人ぶっちゃって」などと言われても困りますし。

愚痴・悪口は「上手に聞く」「上手に避ける」ことが大切だと思います。

★相手の「事象」ではなく「気持ち」に共感する

まず、**相手の言っている「事象」には反応しないで、「相手の気持ち」に共感する**ようにします。

A「部下のミスがすごいから、私がカバーしないといけないんだ。そのおかげでほとんど毎日残業なんだよ」

B「毎日、残業ですか」

A「そうだよ。平日に子どもと一緒に夕食をとったことなんかないよ。本来、

B 残業なんてしなくていい職場なのにさ」
「それは大変ですね……」

こんな感じです。

ポイントは「『相手の言っていること』を反復・言い換える」（97ページ）ことです。これを上手に使い、適宜あいづちを打ちながら、相手の言うことを否定することなく話を聞きます。

一緒になって、「ミスが多いなんて使えない人ですね！」などと、相手に追従する必要はありません。それをやったら、一緒に悪口を言うことになってしまいます。

でも、こうやって**気持ちに共感してもらうと、相手は「自分の気持ちをわかってくれた」と落ち着いていく**ものです。

★「自分を悪く言う方向」に持っていく

あるいは「私もそういうところがあるんです」と、**自分を悪く言う方向に持っていく方法**もあります。

「私も新人のころは仕事が遅くて、いつも上司にカバーしてもらっていました。ホントに使えないヤツだったと思います。上司も大変だったと思います」

「でも○○さんは本当に部下の面倒をよく見ていらっしゃって、いい上司なんですね」

こうやって自分を落として、一方で相手をほめれば最強のパターンとなります。相手はもうそこから悪口を重ねていくことはできませんよね。

★「声の高さとエネルギー」でコントロールする

私は愚痴や悪口を聞くときは、「声の高さとエネルギー」でコントロールするようにしています。

たとえば、職場の同僚が愚痴や悪口を言う人だったとします。毎日毎日、お姑さんや旦那さんの悪口をずーっと言っている。これではこちらが消耗してしまいます。

できればやめてほしいけど、「悪口はよそうよ」と言って聞いてもらえる相手ではない。だからといって無視するわけにもいきません。

そんなときは**相手が悪口を言いはじめたら、低いエネルギーで反応する**のです。

「ふうん……、ふうん……（興味がない感じで）」

などのように「興味がない」のが伝わる感じで反応するのです。

逆に、**愚痴ではなく楽しい話題のときには、トーンも明るく、高いエネルギーで反応**

するようにします。

「あっ、そうなの！　ふーん、面白いね！」

こういうあいづちを打つと、話が盛り上がります。

相手の反応がつまらないと、人は話をしたくなくなるし、逆に反応がいいと話したくなります。それを利用して、うまく「愚痴・悪口をコントロール」してみてください。

コツ 39

▼愚痴や悪口ばかり言う人からは、上手に逃げる。自分の話にしたり、声の高さとエネルギーでコントロールする手も。

よくいる困った人の対処法 10 【下ネタ・セクハラを言う人】への聞き方

ひと昔前に比べて減りはしたものの、いまもまだ一部ではお酒の席などで下ネタやセクハラトークをしてくる人はいるものです。

残念ながら、とくにご年配の方……。私の年齢的なこともあるのかもしれませんが、20代、30代では、あまりそういう人を見たことがありません。

いずれにしても下ネタは露骨に嫌な態度は見せず、なんとか上手にかわしたいものですよね。

★笑顔でスルーし、次の話題に移る

下ネタを振られたら、「笑顔でスルーし、別の話題に移る」のが鉄則です。
下ネタにいちいち反応せず、違う話題をこちらから振って方向転換するのです。

いまでこそ、テレビではセクハラトークはほぼNGとなっていますが、ひと昔前は結構ありました。
かつて、ある人気番組で、司会者が下ネタを連発していました。アシスタントは当時大人気の女子アナ。
現在では生放送で女性に向かって下ネタなんてありえないのですが……。でも、この女子アナさんは下ネタをいなすのがとても上手でした。
どうしていたかというと、「ニコニコ笑って、次の話題に移る」という、

じつにシンプルな方法でした。その場を逃げられないなら、これがベストなふるまいではないでしょうか。
その司会者は「下ネタ回避の天才！」だと、彼女をほめていたくらいです。

最近はかなりこういうケースは減りましたが、私も**下ネタを話す人がいたら、笑顔を見せつつ、その人から視線を外し、別の話題に移る**ようにしています。

コツ 40
▼下ネタ・セクハラは、上手にスルー。笑顔を見せつつ、視線を外し、次の話題に移ろう。

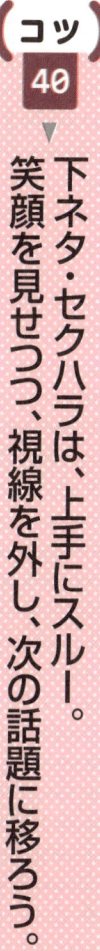

11 【目上の人】への聞き方

ただでさえ目上の人には気を遣うのに、ちょっとクセがあるとか、面倒臭いと感じてしまう場合があります。

すぐに説教・教訓モードに入る上司、何かにつけて「過去の武勇伝」を持ち出してくるオジサマ……。

でも、説教臭いといっても、それを**「説教」ととるか「アドバイス」ととるか、捉え方次第でもある**わけです。

★我慢して「生きるヒント」にできないか考える

武勇伝もそうですが、ちょっと鼻につくところがあっても、ひとまず**我慢して聞いていると、意外に役に立つこともあります**。

だいたい年長者の話は、そのときは理解できなくても、あとからジワリと効いてくることも多いものです。

また説教臭い人は、逆に捉えると親身になって相談に乗ってくれる人が多い気がします。

時代が違うのですべて使えるとは限りませんが、**「生きるヒント」になることも多い**ものです。

コツ 41 ▼ 年長者の話は、あとあと効いてくることも多い。「生きるヒント」にできないか、我慢して聞いてみる。

よくいる困った人の対処法 12

【苦手な人】への聞き方

悪口・ネガティブ発言の多い人、人のうわさ話が好きな人、自慢ばかりしてくる人、威張る人、人を見下す人……。

どうしても好きになれない人っていますよね。

私にももちろん、そういう苦手な人はいます。

★「苦手な人」の話は受け流し、無理に組み合わない

こういう人と話すときは、**「自分のストレスをいかに小さくやり過ごすか」をいちばんに考える**ようにしてください。ガッチリ組み合って、嫌な思いをしたり後悔したりする必要はありません。

その人と話す時間をなるべく短くする、1対1にならないなど、自分の身を守る工夫をしてみてください。**相手の言ったことは受け流して、自分の中に留めておかないことも大切**だと思います。

こちらの苦手意識が相手に伝わると、よけいに関係が悪化しかねないので、上手に相手に合わせることも必要です。自分を守るために最善の方法を探ってください。

コツ 42

▼苦手な人の話は受け流し、無理に組み合わない。話す時間をなるべく短くして、1対1にならない工夫を。

第7章

「場面&シチュエーション」別！使える聞き方&会話術

★場面&シチュエーションごとに「使える聞き方」がある

講演会に呼んでいただくと、必ずといっていいほど「これを話してください」と要望されるのが、「会議、打ち合わせ、商談、営業」などにおける話し方、聞き方です。

そうしたニーズを踏まえて、この章では「場面&シチュエーション別の聞き方」をまとめてみました。

状況設定があるので「聞き方」に限定することが難しく、一部「会話術」として話し方も入っていますが、ビジネスパーソンに役立てていただける内容かと思います。

場面&シチュエーション別 1

【商談】で使える聞き方

商談は、話が大きければ大きいほど、一発で決まることは少ないですよね。

最初の打ち合わせ、プレゼンを含めて、相手と何回かミーティングをしたうえで最終決定が行われるのが一般的だと思います。

営業上手な人ほど、最初から品物は出してこないともいいます。

★質問で「相手の話」を聞き出し、仲良くなる

営業が上手な人、トップセールスマンの人ほど、初回で決めようとはせず、**最初は「相手と仲良くなる」ことを意識している**ように思います。

自分がものを買う立場で考えてみてもそうなのですが、**商談ではまず質問をするなどして「相手の話を聞き出すこと」が大切**です。

関係ないことでも相手にいろいろ話をしてもらって、足場を固めるイメージです。自分の話は10のうち、2か3程度に留めるぐらいでいいと思います。

そうやって人間関係をつくったうえで取引を始めることで、必ずいい流れができるように思います。

局

アナ時代、車を買ったことがあります。

ディーラーの担当者は女性でしたが、ご自身もその車が大好きということで、「この車はとにかくいいんです！　私も以前乗っていたのですが、ハンドルが女性でも扱いやすいし、座席のシートも最高です。

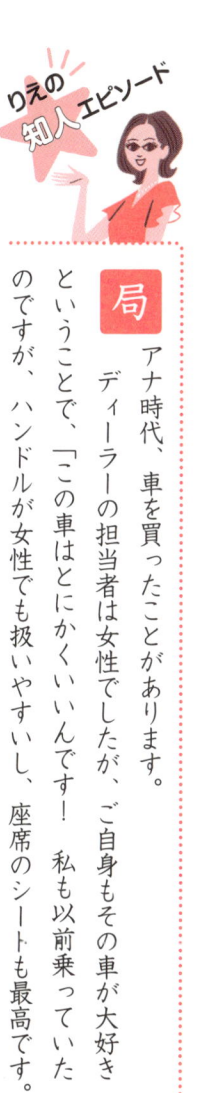

タイヤのホイールのデザインがまたステキなんですよね〜！」と目をキラキラさせながら、愛情たっぷりに熱く語るんですね。

私も以前からその車に憧れていたので、ふたりでその車談義で盛り上がってしまいました。

とにかく「1回で決めさせよう」とか「売りつけよう」という態度はまったくありませんでした。

ただたんに、彼女のその車に対する愛情が伝わってきて、私はとても嬉しくなり、ほとんど「即決」でその車を買ってしまいました。

34ページで紹介したトップセールスマンも同じですが、ビジネスといっても結局は「人間同士の取引」です。

無愛想に「これを買わないと損ですよ」と売りつけたり、「仕事なのだからやって当たり前」などという態度では成立するわけがありません。やはり**人間性の部分は大きい**と思います。

もちろんビジネスなので、予期しないことやトラブルも起こるでしょうが、**基本的な人間関係ができていれば、トラブルの収束も早い**のではないでしょうか。

コツ 43

▼商談では、最初は仲良くなり、土台づくりを目指す。
相手に話をさせて、自分の話は2～3割に留める意識を。

場面&シチュエーション別 2

【会議】で使える聞き方

会議の席でみんながバンバン意見を出す中、なかなか自分の意見を言えない、切り出せないという悩みをよく聞きます。

ここで使えるのが**「高い声、高いエネルギー」**です。

★「高い声、高いエネルギー」で発言に割り込む

みんながワーワーしゃべっているときには、なおさら「高い声、高いエネルギー」でカットインしていく必要があります。

声量も大きく、ほかの人の声に負けないよう、テンションも上げて、切り込み発言を

しましょう。ハッキリ、滑舌よくしゃべるのもポイントです。

「そこなんですけど！」

「私は違う意見なんですが」

と高い声で入っていくと、その場が一瞬止まります。

切り込みの一言は短いほうがいいですね。

短い一言で切り込み、そこからはゆっくり落ち着いて「自分の意見」を述べるといいと思います。

りえの耳寄りコラム ▼『踊る！さんま御殿!!』に学ぶ「会話に上手に入る方法」

明石家さんまさんの看板番組『踊る！さんま御殿!!』は、大勢の人がワイワイ話をするシチュエーションという点で、会議と似通ったところがあります。大勢のタレントさんや著名人が並ぶ中で、キラリと光る発言をして、さんまさんに拾ってもらうのは至難の業です。最初の1回は紹介がてら話を振ってもらえますが、2回目以降が難しい。

新人のアイドルタレントさんなどは、いかにカメラに向いてもらえるかが勝負ですから、みんな結構、必死です。

マネージャーさんが「高く、速く、大きな声でカットインしていけ！」とアドバイスをしているのを見たことがあります。まるで試合前のアスリートに檄《げき》を飛ばす感じでした。

でもそのアドバイスが功を奏して、その新人タレントはちゃんと本番で上手にカットインできていました。

コツ 44

会議では「高い声の短い一言」で割り込み、そのあとで「自分の意見」を述べるようにしよう。

場面&シチュエーション別 3

【相談・悩み事】で使える聞き方

悩み事、相談事を聞くときは、**低くゆっくり、エネルギー量を落として聞くと、相手は話しやすい**ものです。

★まず吐き出させることが大切

具体的には、まず**相談者の話をしっかり聞いて吐き出してもらう**ことが大切です。

相手の話を十分に聞かずして、「その件は○○だよ」「自分はこう思う」など意見や回答をしてしまうと、相手はモヤモヤしてしまいます。話を聞いてあげるだけでも「癒やしの効果」はあるものです。

★いいアドバイスができないときは、ひたすら相手の気持ちに共感する

悩み事に対する答えですが、自分に同様の経験があれば「私もこうだったよ」と話してあげることで相手の救いになることもありますよね。

困るのは、そうでないときです。

仕事や人間関係でいろいろ人生経験を積んでいる人ならそれなりに答えることもできるでしょうが、それほど年輪を重ねていなければ、やはり経験の範囲でしかモノが言えません。

私の場合も、たとえば介護の悩みや、ご近所トラブルなど、自分自身に経験がないものは、いいアドバイスが浮かばないと思います。アドバイスをしたとしても、通り一遍のものになってしまう可能性もあります。

そんなときは**ただひたすら相手の気持ちに共感してあげる**ことを考えます（73ページ）。**「自分の気持ちをわかってもらえた」というだけで、人は気持ちが落ち着くもの**だからです。

コツ 45

▼**相談・悩み事では、まずは相手に吐き出させる。アドバイスより、相手の気持ちに共感するのが大切。**

場面＆シチュエーション別 4

【電話】で使える聞き方

電話での会話については『話し方の教科書』でも述べましたが、普通の会話とはちょっと違うテクニックが必要です。

まず電話では相手の顔が見えませんよね。それに、受話器を通してダイレクトに声が届くという特徴もあります。

どういうことかというと、**普通に話すと顔の見えない分、電話だとどうしても暗く感じる**わけです。会うと感じのいい人なのに、**電話だとなぜか不機嫌な感じを受ける人**っていますよね。これは**電話の特徴**なのです。

しかしこれを補おうとして、**「明るく高い声」でワーッと話すとエネルギーが強すぎて、相手がビックリしてしまいます**。

コールセンターの研修で、「明るく、高い声で、元気に話しましょう」と指導しているところがあるそうですが、それではNGな場合もあるのです。

女性が常に高い声で元気いっぱいに「○○です！　ご用件は何でしょうか⁉」と毎回やると、人によっては「騒々しくて、なんだか不愉快」と感じることもあります。

では、どうすればいいのでしょうか。

★口角を上げながら低めの声で、あいづちは多めに打つ

話すときのポイントは2つ。**「低めの声でエネルギーを落として話す」**ことと、**「口角はきちんと上げ、滑舌よくハッキリ話す」**ことです。

口角さえきちんと上がっていれば、低めの声でも、暗いとか不機嫌な感じはしません。**暗い印象にならないように**、できるだけ声に表情を乗せるというか、声で明るさを表現してください。

また、電話は黙って聞くととても感じが悪いので、**電話では普段より少し多めにあいづちを打つことも大切**です。

あいづちについて解説した第3章を参考にしながら、「はい、はい、はい、はい」などと繰り返すのではなく、短くハッキリ「はい」「ええ」と言うようにしましょう。

コツ 46

▼電話では、口角をきちんと上げて「低めの声」を意識。相手の顔が見えないので、あいづちは少し多めに打つ。

場面&シチュエーション別 5

【飲み会・合コンの席】でモテる聞き方

大勢が集まって会食をしたり、お酒を飲んだりする席でいちばん大切だと思うのは、**「その場にいる全員が楽しめる、嫌な思いをする人を出さない」**ことです。

よくあるのが合コンで美人がひとりいて、**その女性に数人の男性が脇目も振らずに話しかけてしまう構図**。

これは、ほかの参加女性の反感を買うばかりか、自分ばかり話しかけられる女性自身からも、「この人、何なの?」と悪い印象をもたれる可能性大です。

★あまり話していない人に話を振って、全体を盛り上げる

もちろん合コンですから、「この人、いいな」と気になる人がいたら、もっと話をしたいのは当然の気持ちでしょう。

でもそういうときこそ、**別の人にも話を振って、その場全体を盛り上げることが大切**です。「あまり話していない人」がいないか全体を見渡し、**「参加していない感」がある人に話しかけることで、結果として場が盛り上がり、自分の印象もよくなります**。

りえの耳寄りコラム ▼ 田原総一朗さんは「人に話を振る達人」

『朝まで生テレビ！』の田原総一朗さんは、この「人に話を振る達人」です。

あれだけ各界の論客が饒舌《じょうぜつ》に意見を交わす中、「発言の少ない人」をパッと見抜いてその人にサッとバトンを渡す。あの混戦の中でこれをやるのはすごいことだと思います。全体をよく見ているからできることです。

このワザを飲み会・合コンでも大いに活用しましょう。

これができる人が結局、いちばんモテます。

コツ47 ▼ 飲み会・合コンでは、話していない人に話を振って、全体を盛り上げる。そういう人が結果としてモテる。

場面&シチュエーション別 6

【接待の席】で使える聞き方

飲み会や合コンはその場にいる全員が会話に加わることが大切と述べましたが、接待はちょっと違います。**接待の場では、接待される「メインの人」がいる**わけです。

その人の話をしっかり聞いて、その人にいい気分になっていただくことが大切です。

こちらは『朝まで生テレビ!』型ではダメなのです。

また私は最近は接待をされることも多いので、その立場から話をしますすと、**接待される側も、「相手側の序列」を考慮しなければいけない**と思います。

たとえば、部長さんとその部下のふたりから接待を受けるとします。

そうすると、私はまず部長さんとしっかりお話をしたり、部長さんの話を伺うことが優先事項です。

ここで**みんなに平等に話を振るのはＮＧ**です。みなさんに「○○さんはどう思いますか?」と振ると、偉そうになってしまいますし、仕切るのはあくまで部長さんです。

では、どうすればいいか。

★メインの人と主に話をしつつ、サブの人ともしっかりアイコンタクト

そういうときは、**部長さんと主に話をしつつ、部下の方ともしっかりアイコンタクトをとる**のです。

「あ～、なるほど！ そうなんですね」と部長さんの話を聞きつつ、部下の方に同意を求めたり、笑顔でうなずきながら部下の方を見たりします。

こうすると部下の方と直接話をしなくても、全員がその話に参加している感じが出ます。またこれをしていると、それまで押し黙っていた部下の方も発言をされたりします。

「自分も発言していいんだな」という雰囲気が出るからだと思います。

いちばんよくないのは部長の話を聞くことに集中してしまい、部長にしか顔が向いていない状態です。これをやってしまうと、部下の方が仲間はずれになってしまいます。

「関心のネット」をその場の全員に張り巡らせることが重要です。

これは接待の席ばかりでなく、人が集まる場、すべてに通用することだと思います。

コツ 48

▼接待では、相手の偉い人と主に話をしつつ、部下に当たる人とも、しっかりアイコンタクトをとる。

場面&シチュエーション別 7

【就活・面接】で使える聞き方

就活、面接というのは、同じようなスーツを着た、同じようなバックグラウンドをもった人たちが集まってきます。

その中で、いかにキラリと光るものを出せるかが勝負どころです。

★大きな声で明るく滑舌よく、あいづちはしっかりうなずく

まず**あいさつ、話し方は「大きな声」で「明るく」「滑舌よく」話しましょう**。

面接官から質問をされるときは、相手の話を遮らず、しっかり聞くことです。

相手が話し終わる前にこちらの答えを言ってしまうと、いい印象をもたれません。**あいづちは声に出さず、しっかりうなずく**（94ページ）がいいと思います。

答えについては、「この質問で相手は何を望んでいるのか」という、**相手の真意を考えながら発言する**といいと思います。

面接では最後に必ずといっていいほど「何か質問はありますか？」と聞かれます。

このとき、**その場任せでは「いい質問」は出ません。やはり準備が大切**です。

いかにその会社のことを調べて、「いい質問」を用意できるかがポイントとなります。

日テレでは、現役の局アナもアナウンサー採用の面接を担当します。

当然のことながら面接ですから、採用と不採用を決めなくてはいけないわけです。この学生は有望、でも残念ながらこの学生はちょっと難しいかな……というのがあります。

じつは、「採用が難しいかな？」という学生に対してこそ、しっかり質問をするのです。

それは、もう少し話を聞き出せば光るところが見つかるかもしれない、私がこの子の長所を見出せていないだけかもしれないからです。

さらに、せっかくわが社を選んでくれたのだから、採用にはならなかったとしても、日テレにいい印象をもって帰ってもらいたい。「学生たちを大事にしなさい」という方針があるんですね。

私自身は日テレを受けたとき、まったく質問されませんでした。「私は興味をもたれてないんだ。もう終わった」と思って落ち込んでいたんです。

合コンの話と面接の話を一緒にしてはいけないかもしれませんが、やはりその場にいるみんなを大事にするのは大切なことだなと思いました。

コツ 49

▼ **面接では、大きな声で明るく滑舌よく、しっかりうなずく。質問はとにかく準備を。**

場面&シチュエーション別 8

【上司・部下】に対して使える聞き方

上司に対する聞き方、部下に対する聞き方では、「その相手に自分をどう見せたいか、どのようなイメージをもたれたいか」ということを考えるといいと思います。

★上司と部下で「声のトーン×速さ」を使い分ける

上司が部下に対するときは**「低い声×ゆっくり」話すと、「親分肌」的な印象**になります。

一方、部下が上司に対して話すときは**「低い声×速く」話すと「仕事のできる部下」という印象**を与えることができます。

一般的に仕事の場では、「低い声×速く」話すと、知的でロジックに優れた印象になるものです。

ただ、このトーンをずっと続けると冷淡な印象をもたれかねないので、時々は少しゆっくり話してみたり、**高い声も挟んでみたり、声のトーンと速さに「変化」をもたせる**ようにしましょう。

コツ 50

▼部下には「低い声×ゆっくり」で親分肌の印象を、上司には「低い声×速く」で知的なデキる印象を与える。

（特別付録）1

雑談は「聞く力」で決まる！
――相手との距離をグッと縮める4つの極意

▼なぜ「雑談」は難しいのか？

ここ最近、雑談の方法について書かれた本がベストセラーになるなど、「雑談」がクローズアップされています。

なぜ、雑談に注目が集まっているのでしょうか。

やはり**ビジネスの場において、雑談のもつ力はとても大きい**からだと思います。

商談にしても、いきなり仕事の話を始める人はあまりいません。「今日は暑かったですね」「昨日は台風がすごかったですね」など、雑談をしてから本題に入るというのが普通です。

あるいは、一段落ついたとき、終わったときも雑談の出番。

雑談をすることで、意外な共通点があったり、価値観が似ていることに気がついたりと相手との距離が縮まります。

雑談は、相手がどんな人かを知る手がかりにもなるわけです。だからこそ、**「雑談のできる人は仕事のできる人」**といわれるのでしょう。

でも、雑談の本がこれだけベストセラーになるということは、逆にいえば**みんな雑談に困っている**からではないでしょうか。

いつも同じような天気の話しかできなかったり、会話が途切れてしまったり……。雑談もなかなか難しいものですね。とくに初対面だったり、あまりよく知らない人だったりすると、何を話していいのかわかりません。

そうです、**雑談が難しいのは、「相手をよく知らない」ことと、「ネタを選ばなくてはいけない」から**です。

家族や友人との普段の会話に困っているという人はあまりいませんよね。家族や友人はあなたのことをよく知っていますから、気を遣う必要はありません。思ったことを言えばいいし、話すことがないなら黙っていたっていいわけです。

でもよく知らない、距離の微妙な相手と、その場の雰囲気を壊さないように、ネタを選んで上手に会話をしなくてはならない、これは慣れない人にとっては恐怖です。

▼私もずっと雑談が苦手だった

私もこの仕事を始めていなかったら、雑談は得意でなかったと思います。

でも、アナウンサーは「空白」をつくってはいけませんから、相手が口数の少ない人でも、なんとかして「間」をつないでいかなければいけません。それをやっているうちに、**日常での雑談スキルが向上した**のを感じました。

いまでは相手がどんな人でも、会話を途切れさせることなく、30分でも1時間でも楽しく雑談できる自信があります。

初対面で、私にとっては未知の世界の人でも、口数の少ない人でも大丈夫。日本語さえ通じれば……ですが。

ひとつは第5章で紹介した**「質問力」を発揮すれば、相手からも話がどんどん出てくるので、そんなに苦労することはありません**。

でも、この特別付録1ではさらに踏み込んで、どんなに雑談が苦手な人でもスラスラ話せる極意を伝授します！

1 「事前の準備」が大切、「時事＋鉄板ネタ」を用意しておく

「雑談の上手な人」は、その場の思いつきでどんどん話が出てくると思われがちですが、そんな人は本当に明石家さんまさんや黒柳徹子さんといった達人中の達人だけです。

私たち一般人は、「その場」で思いつこうとしても、スラスラ話など出てきません。仕事に行くのに資料を用意したり、スポーツジムに行くのにスポーツウェアを持っていくのと同じように、**「雑談」にも準備が必要**なのです。

たとえば、

- ・天候や自然現象の話
- ・季節に関係した話（風邪が流行っているなど）
- ・最近のニュース

などは誰でも準備できますよね。その日の新聞やネットニュースに目を通しておけば、

いくつもネタが拾えます。ただ、**普通の雑談ではあまり暗い話題ばかりを選ばないようにしたほうがいい**と思います。

またこうした**「時事的なネタ」とは別に、自分の「鉄板ネタ」を用意しておくといい**と思います。この話をすれば誰でも興味をもって聞いてくれそうな話、笑ってもらえる話です。自分の仕事の裏話や、業界の内輪の話などがいいと思います。

そしてここからが大切なのですが、**自分の話をしたあとは、必ず相手にも話を振る**こと。こちらの話を受けて、「そういえば自分もこういう話がある」と相手が話を思いついて、会話が弾んでいくこともあります。

★2 「正しい質問」を「正しい順番」でしよう

会話に困ったら、相手に質問をして答えてもらうのがいちばんです。なんといっても自分がラクです。

相手が初対面で何の手がかりもないときは、無難なことから聞いていきます。

まず**「大きな質問」**で、「こちらの業界の景気はどうですか?」とか「原油安の影響はありますか？」などという質問は誰でもいつでもOKな質問。

さらに次の段階として、相手との距離を縮めるために、**「相手のパーソナルな部分に関係する質問」**をするといいですね。

相手に関心をもって観察すれば、なんらかの気づきはあるものです。

先に述べたように**相手の持ち物や小物について聞いてもいい**し、「○○さんはこちらの部署（お仕事）はもう長いのですか？」などと、**当たり障りのない仕事の話でもいい**と思います。

少し親しくなって、**個人的な話もできるようなら、趣味や週末の過ごし方などを聞くのもいい**でしょう。

趣味の話は当然、相手の得意な話ですから、質問をすればいろいろ答えてくれるはずです。自分がその分野についてまったく知らない場合でも、「教えてください」という気持ちで聞けば、相手は気持ちよく答えてくれると思います。

ただ、**個人的な話といっても、家族や結婚の有無、相手の容姿に関わる質問は、少なくともビジネスの場ではやめたほうがいい**でしょう。

また、こちらは無難な質問のつもりでも、相手が「そこは聞かれたくない」と思っている場合があります。そういう場合は、すぐに話題を変えましょう。

3 「世間一般の意見」を踏まえたうえで、「自分の意見」を言う

「なぜ女性って付き合いはじめると、すぐに手料理をふるまいたがるのかね。なんでわざわざ素人のつくるまずい料理を食べなくてはいけないのか、本当にわからない。男に手料理を食べさせれば落とせるなんていうのは大間違いですよ」

聞いている人はみんなドン引きです……。

人はそれぞれに意見があります。誰もが道義にかなった意見をもっているわけではありませんし、ちょっと過激に振れている場合もあります。この人も「付き合っている女性の手料理を食べたくない」という考えをもつのは自由です。

でも、この場合は、**「この人の意見が客観性をもっていないこと」に周囲がドン引きしている**のです。**自分の意見が世間一般とズレていることを認識していないと、たんなる独善になってしまいます**。

これはあくまで例なので、ちょっと極端なケースを挙げてみましたが、**人は往々にし**

て**自分の意見が「正しい」「常識」と思い込んでしまっている**もの。

どんな意見を述べるときも「世間一般ではこう思われている」というのを念頭に入れて、それと照らし合わせながら話すことが大切だと思います。

雑談の極意

4 前回会ったときの会話を覚えておく

初対面で会って、2回目、3回目ぐらいの場合。

じつはこのぐらいのときが、**いちばん話のネタに困るもの**です。

初対面のときは「今日は風が強くて……」「こちらのビルは新しくて本当に気持ちがいいですね」など、当たり障りのない会話でもよかったけれど、2回目、3回目となると、そうはいきません。

少しは相手のこともわかってきているし、当たり障りのない会話はもう尽きてしまうことが多いからです。それに2回目、3回目ぐらいになれば、もう少しお互いが親しくなれる会話をしてもいいはずです。

ここで抜群の威力を発揮するのが、「前回会ったときの会話の内容を覚えておく」ことです。「相手に関心をもつ」ことが大切です。

たとえば前回、相手が風邪気味ということだったら、こんなふうに聞くといいでしょう。


「○○さん、その後、お風邪は回復されましたか？」

「今日はもうご体調はよろしいのですか？」


そうすると、相手は**「自分のことを覚えていてくれたのか」**と喜びます。

あるいは前回、相手の趣味がゴルフという話を聞いていたら、こんな会話もできます。


「○○さん、最近、ゴルフはどちらかいらっしゃいましたか？」

「こないだのトーナメント、石川遼君、すごかったですね」


などなど。そこから会話も広がっていくことも多いと思います。

相手と会う前に、「前回はどんな会話をしたかな」と思い出す習慣を身につけるといいですね。

特別付録 2

ちょっとプロ向け！どんな人も笑顔にして話を聞き出す魚住式「インタビュー術」7つの極意

▼プロの「聞き方のテクニック」とは？

ここではプロはどういう聞き方をしているのか、「プロの聞き方テクニック」を伝授します。

アナウンサーは聞き方についてもプロのスキルをもっていると最初に述べましたが、聞くことを仕事にしている方は、じつは結構いらっしゃいます。

カウンセラーやコンサルタントなどもそうですし、私のまわりでいえば、テレビ局の報道記者、新聞や雑誌の記者・ライター、ジャーナリストもそうです。こういう方々とご一緒してきたことで私自身も取材スキルを学ぶことができました。

また最近は私自身が雑誌の取材を受けることが増えたと述べましたが、「取材される側」になると、「こういう聞き方をされると話しやすいな」とか「ここはちょっと突っ込みが浅いかな」など、立場が違う視点から見ることができて、とても勉強になります。

ここでは私自身がいつも実行している方法に加え、記者やジャーナリストから「逆取材（?）」したプロ技を7項目に整理してみました。

プロの方法ですから、そのまま日常会話に使える部分は多くないかもしれませんが、仕事の場や、大事な会食、はじめてのデート、お見合い、学生さんなら就職の際のOB・OG訪問など、「ここ一番！」というときには絶大な力を発揮してくれるはずです。

インタビュー術 1 最初に「3つ」のことを確認する

まず取材を始める前に、取材の目的（聞きたいこと）と質問内容のあらましを相手に伝えるようにします。**いきなり質問を始めるより、概要がわかっていたほうが、相手も話しやすい**ものです。

冒頭で、終了時間の確認もしておきましょう。取材は往々にして延びる傾向にありますから、相手に時間の余裕があるかどうかも聞いておきます。

また相手が著名人やスポーツ選手の場合は、**プロフィールの確認も必要**です。すでに出されているプロフィールをそのまま使ってしまうのはよくありません。間違っていたり、内容が更新されていない場合もありますから、最新の情報を確認しましょう。

インタビュー術

2 笑顔で聞き、相手の話に多めに笑い、ほめる言葉も挟む

インタビューを成功させるためには、その場を盛り上げる工夫も必要です。ただ淡々と質問を消化していくだけでは、決していい聞き方とはいえません。やはり**相手が胸襟《きょうきん》を開いて、本音を語ってくれることで、いいインタビューになる**のだと思います。

すでに述べたことですが、**なんといっても笑顔で聞くことが大切**。

それから、**相手が面白いことを言ったら、ちょっと多めに笑ってあげる**といいと思います。大笑い、バカ笑いをする必要はありません。いちいち「ギャハハハ」とやられると、うるさいと思われてしまう可能性もあります。笑い方は「あははは」がいいですね。

それから適切なあいづち。これは第3章で紹介したので、もうみなさん「あいづちの達人」になっていることと思います。

それから重要なことは、**「相手をほめる言葉」を端々に入れていく**こと（68ページ）です。

インタビューを受けている側は、よほど慣れている人か、すごい自信家でもない限り、「この話でいいのかな？」「この言い方でわかってくれるかな？」と不安になるものです。**聞き手の反応が薄いと、「この人、自分の話が面白くないのかな？」と心配になる**こともあります。

その不安や心配を払拭するためにも、途中途中で相手をほめることが大切です。

「その話、面白いです！」

「そういう説明をしていただくと、すごくよくわかります！」

「さすがですね！」

「うわー、感動します！」

こんな感じです。これは絶対にしなくてはいけないということではありませんが、やってみると相手のノリが全然違ってきます。

ただし、あまり大げさだったり、わざとらしくほめまくるのは嫌味に受け取られかねないので、適度に行ってください。

3 話が本題から逸れたら、「最初の質問」に戻る

話している間に、本題から逸れてしまって、自分でもわけがわからなくなってしまうことがあります。こういうときは**「ロジックツリー」を意識するのがおすすめ**です。

「ロジックツリー」とは、下図のようなものです。

この「ロジックツリー」という言葉はじつは最近知ったのですが、言葉を知る以前から、知らないうちに自分で使っていたのでビックリしました。

ひとつの質問に対して答えをもらう。必要に応じて、それについて掘り下げる質問をツリー展開していきます。

ところが、話しているうちに、話が逸れてしまうこともあるわけです。それに対して聞き手が興味を示して質問してしまうと、どんどん話が脱線していってしまいます。

たとえば、ある地方の町おこしについて、発案者の方にインタビューするとします。その方は地元の野菜を使ったピザで町おこしを思いつい

▶「ロジックツリー」を知っていますか?

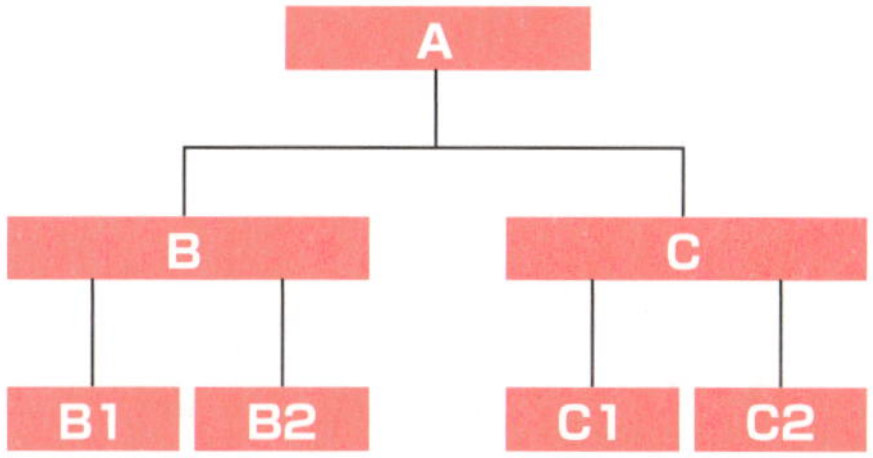

たという話だとしましょう。

Ａ「なぜ『ピザで町おこし』をしようとお考えになったのですか？」

Ｂ「自分がピザが好きで、食べ歩きをしていたんです。もともとイタリアに1年ほど住んでいたことがあって……」

Ａ「イタリア！　どちらにお住まいだったのですか？」

Ｂ「ヴェネツィアです」

Ａ「ヴェネツィアですか、私も一度旅行で行ったことがあります。いいところですよね！」

Ｂ「いいところでした。運河の脇のアパートだったんですけど、小さなテラスがついていて、毎朝そこで朝食を……」

話が弾んでいるのはいいのですが、「ピザで町おこし」の話題からどんどん逸れていってしまっています。

もちろん、「聞き取り調査」ではないので、話が多少逸れてもいいし、雑談でお互いの距離を少しずつ縮めながら話を進めることも大切ですが、**脱線しすぎは禁物**です。

この場合、ヴェネツィアの話が盛り上がってしまって、気づけば時間オーバー……ということにもなりかねません。

「ピザで町おこしをしようと思った理由」を聞いているのですから、少し脱線しても、その設問に戻していくことが大切です。

ここでのポイントは、「キーワード」を覚えておくこと。

この場合は「ピザで町おこし」です。話が逸れたときは多少、無理矢理にでも、ここに戻します。

◯

A「なぜ『ピザで町おこし』をしようとお考えになったのですか?」

B「自分がピザが好きで、食べ歩きをしていたんです。もともとイタリアに1年ほど住んでいたことがあって……」

A「イタリア! どちらにお住まいだったのですか?」

B「ヴェネツィアです」

A「ヴェネツィアですか、私も一度旅行で行ったことがあります。いいところですよね!」

B「いいところでした。運河の脇のアパートだったんですけど、小さなテラス

がついていて、毎朝そこで朝食をいただくんです」

A「うわー、優雅ですね。ヴェネツィアもピザはおいしいところがいろいろありますよね」

B「あります！　でもヴェネツィアだけでなく、ローマやナポリにも遠征していろいろ食べ歩きをしました」

A「そのときの経験から、『ピザで町おこし』を思いつかれたのですね」

B「そうなんです！　ピザって日本人は大好きじゃないですか。嫌いっていう人はあまりいない。そしてピザってすごく自由な食べ物なんです。載せる具のバリエーションが本当に豊かで、いろいろなピザができる。意外なことに和の食材もイケるんですよ……」

こうやって常に「ロジックツリー」をイメージしていると、何があっても軌道修正ができて、話がブレません。

インタビュー術

★4 相手の本音は「具体的」「深掘り」「自分の話をして」引き出す

質問をしても、相手が通り一遍のこと、あまりに当たり障りのないことしか言わない場合があります。

たとえば看護師の仕事について、やりがいや仕事内容について聞く場合。それに加えて、ちょっと患者さんには言えない裏話も聞いておきたいというときの会話です。

×

Ⓐ「看護師のお仕事は、やはり『体力がいる』というイメージがありますが」

Ⓑ「そうですね。立ち仕事ですし、夜勤もありますから、体はきついです」

Ⓐ「いちばん大変なことは、どんなことですか?」

Ⓑ「肉体的にも大変ですが、やはりメンタル面もきついですね」

Ⓐ「……やりがいについてはどうですか? どんなときにやりがいを感じますか?」

Ⓑ「患者さんと信頼関係を結べたと思うときですね。患者さんが安心して任せ

A 「そうですか……」

てくれていると感じたときです。あと、単純に患者さんがよくなられて感謝してもらえたときは嬉しいですね」

インタビューとして、悪いわけではないのですが、お行儀がよすぎるというか、誰でも言いそうな当たり障りのない発言ばかりで面白くありません。何より、**この人の「生の声」「本音の部分」が伝わってきません**。

この流れで「裏話はありますか?」と直球で聞いても、面白い答えがもらえそうもないですよね。

こんなときこそ、**「具体的に聞く」「深掘りをする」**聞き方が使えます。

A 「看護師は、やはり体力のいるお仕事ですよね」
B 「そうですね。立ち仕事ですし、夜勤もありますから、体はきついです」
A 「いちばん大変なことは、どんなことですか?」
B 「肉体的にも大変ですが、やはりメンタル面もきついですね」
A 「それは具体的にどんなことですか?　やはり人間関係とか?」

B「そうですね……。たしかに人間関係は、患者さんとの関係でも、看護師同士の間でもいろいろありますね」

A「みんな忙しいから、気持ちに余裕がないときもあるんでしょうね」

B「きつい仕事だから、正直、ストレスもたまりがちで、どこかにはけ口を求めてしまう人もいると思うんです。それで上司にきつく当たられた人は、次に入ってくる新人にもきつく当たるという負のスパイラルに陥ってしまうんですね……」

A「なるほど……。でも大変なこともある一方で、やりがいもあるお仕事ですよね。それについてはどうですか？」

B「やっぱり患者さんが信頼して任せてくれたときは嬉しいですね」

A「なるほど。それはたとえばどんなときですか？　一例を挙げるとすると……」

このように具体的に、深掘りで聞いていけば、必ず本音、興味深い話が出るものです。また相手が構えていて、なかなか本音を言ってくれないというときは、まず自分の話を披露してみるのもいいと思います。

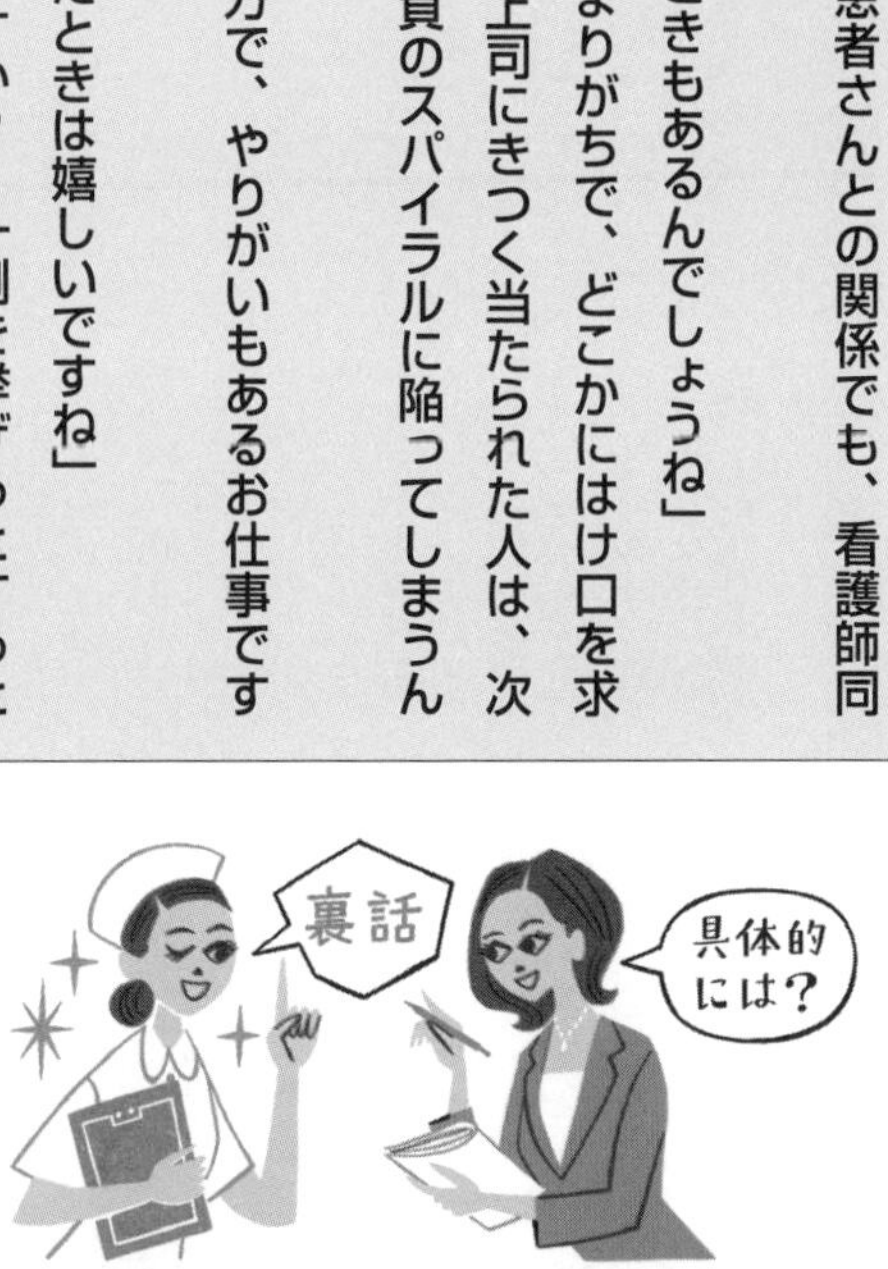

Ⓐ「看護師のお仕事は、やはり『体力がいる』というイメージがありますが」
Ⓑ「そうですね。立ち仕事ですし、夜勤もありますから、体はきついです」
Ⓐ「ああ、それ、アナウンサーも同じです。立ち仕事なので足がパンパンにむくんで苦しいんですよね。とくに仕事の終わりが朝の4時だったりすると、きつくて……」
Ⓑ「わかります！　私も夜勤明けで帰るときなんか、靴が履けなかったりします」
Ⓐ「一緒ですね。それとアナウンサーも女性同士のいざこざもあるんですよ。すごく怖い先輩がいて、ちょっとでもアナウンスをミスすると呼び出されて何時間も怒られるんです……」（注、実際の話ではなく、つくり話です）
Ⓑ「うちもあります。師長が結構きつい人で、わざわざ新人の子を、患者さんや見舞客が見ているナースステーションで怒るとか。でも、そんなことでめげていたら、この仕事はつとまりません。そういうことも含めて、経験を積むごとにメンタルも強くなっていくんです」
Ⓐ「なるほど！　それはいいお話ですね」

こんな感じで、**まず自分の話をして、相手に「共感」してもらうことで、距離がグッ**

と縮まります。そうしたら、この流れで「ちょっと人には言えない裏話」「ここだけの話」も聞きやすくなります。

インタビュー術 5 「ちょっぴり疑う」ことでも本音が引き出せる

前項にも関連しますが、相手が表面的なこと、教条的なことしか言わないようなとき、「この人は本音を言っていないな」と思うときは、**流れを変えて「ちょっぴり疑義を呈してみる」という方法**もあります。

「最近は『ミニマリスト』という生き方が流行っているようですが、あれはホントにそんなに快適なのでしょうか」
「繰り返し聞くのがリスニングの上達法とのことですが、それだと飽きてしまいませんかね？」

などというようにです。

相手が通り一遍のことしか言わないようなとき、「はい、はい」と相手の話にうなずくばかりでは話が深まっていきません。

「えっ？　ホントにそうなんですか？」とちょっぴり疑ってみることで、「いや、じつは……」というように本音が聞き出せることがあります。

ただし、これは**「ちょっぴり」というところがミソ**です。

相手の言うことをしつこく疑ったり、頭から否定したりするのはＮＧですから、ご注意ください。

インタビュー術 6

時々、話を整理してあげると、相手はグッと話しやすくなる

インタビューなどでたまに起こることですが、相手が話していて、混乱してしまうことがあります。話が脱線してしまって、「あれ、何の話をしていたんだっけ？」とか、「えーっと、結局、俺は何を言いたいんだろう」と、迷路に入ってしまうのです。

こういうときは**「○○についての話ですね」「これこれこういうことですね」と話をまとめたり、話すべきことを先導してあげるのも大切**です。

先ほど述べた「ロジックツリー方式」を頭の中で描きながら話を聞くと、相手の話がうまく整理できます。

> 「では、その方法は大きく分けると3つになりますね」
> 「それが最大のメリットではないでしょうか」
> 「それが結果的によかったですね」
> 「○○さんにとって、それがターニングポイントだったのではないですか？」

こんな感じです。これはメモをとりながら聞くことの利点でもあります。**聞きながらメモを時々見返すと、話が整理しやすくなる**からです。

7 話が中断したときのコツ、好印象で話を終えるコツ

前項にも関連するのですが、よくあるのが、話の途中で相手がお手洗いに立ったり、電話に出たりしたとき、それが終わって、話の続きをしようとすると、「何の話だったっけ?」となってしまうことです。

そんなときは**相手が最後に言った言葉やキーワードを反復してあげると、「ああ、それそれ」とすぐに話に戻ってもらえます**。

「そこで俺がなぜか壇上で話すことになっちゃったんだけど……、あっ、ごめん、ちょっと大事な電話がかかってきちゃったから出ていいかな」

「(電話終了後)え〜〜っと、何だったたっけ?」

「はい、壇上で話すことになったんですよね」

「あ、そうそう、それでね……」

こんな感じです。

また、時間が来て終了したら、相手に謝意を伝えます。

このとき、ただ「ありがとうございました」と言って終わってしまうと、相手は「今日の話は面白くなかったのかな」と心配になってしまいます。きちんと話が面白かったこと、有意義だったことを伝えましょう。

場合によっては録音を終了して、ホッと一息というときに、ポロッと本音が出たり、「じつはここだけの話だけど」という話が聞けたりします。

ですから、**インタビュー終了後はサッと切り上げるのではなく、少し雑談をして和やかに散会するのがいい**と思います。

（特別付録）3

りえが勝手に添削！著名人の聞き方スキル

テレビのトーク番組の司会者（ＭＣ）は、場を仕切るのが上手なことはもちろん、やはり聞き方も一流なことが多いものです。私はいつも勉強のつもりで観ています。ここでは私がいつも感心する「聞き方の達人」を紹介しましょう。

長寿番組の裏には驚異の「聞き方」テクニックあり 黒柳徹子さん

私はその時間に家にいるときは、自分の勉強のために必ず『徹子の部屋』を観るようにしています。徹子さんの聞き方は私の理想です。

徹子さんはまず、姿勢がいいですよね。上半身にムダな動きが一切ありません。

そして時々「おほほ」「うふふ」という、とてもかわいらしい笑いが入ります。

これが場を盛り上げる抜群の効果を発揮するんです。大笑いをしたら話の邪魔になってしまいますが、上品な小さな笑い方なので流れを妨げません。

もちろん意識してやっているわけではないでしょうが、これのおかげでいっきに場が華やぎます。

あいづちのパターン自体は、さほど多くはありません。「ええ〜〜」「まあそうなの!?（上がる）」「そうなの……（下がる）」「そうよね〜！」ぐらい。「はい、はい、はい、はい」「ふん、ふん、ふん、ふん」などの繰り返しは絶対にありません。あいづちより質問で会話を続けていきます。

それから「これぞ徹子流」と思うのは、人によって少

しずつ対応を変えているところです。

たとえば、年配の女優さんや俳優さんのときは「ゆっくり」あいづちを打ち、質問をするときのトーンも「低めの声」で、ゆっくり丁寧に話されます。

知識人のときは「早く、テンポよく」話を進めていきます。また、徹子さんにとっては孫ほど年の離れた、歌手の氷川きよしさんのときは、「高めの声」かつ「早口」で、厳しめの突っ込みをされていました。

「芸人さんに対して厳しい」などと言われることもありますが、このように対談相手によって、または状況によって自在にトーンを変えられる徹子さんが稀有の「聞き上手」であることは間違いありません。

じつは、『徹子の部屋』に出演することは私の夢のひとつです！

相手が魅了される大人の聞き方
マツコ・デラックスさん

MCとして引っ張りだこのマツコさん。いまやこの方をテレビで見ない日はないというぐらいの人気ぶりです。

私が思うにこの方は、そんなに昔からテレビに出ているわけではないのに、視聴者にとっての「肝っ玉母さん」のポジションを確立しているのではないかと思うのです。認めてくれて、ほめてくれて、時には厳しい、愛のあるお説教をしてくれる。「この人は自分の気持ちをよくわかってくれる！」と心から思える、そんな唯一無二の存在になっています。この位置に行けるのは、マツコさんだけだと思います。

マツコさんの聞き方はちょっと独特です。

あいづちをほとんど打ちません。打っても短く、「ふうん」というぐらいです。あまりうなずくこともなく、相手をじっと見つめて黙って聞いています。

そしてあいづちの代わりに、「返事」で返すんです。

それも適当なことを言うのではなく、的確な返事で返します。トーク番組では、ともすれば適当なあいづちでつないでいる人も多くいますが、マツコさんはひとつもいい加減な返事がないのです。

「明治時代のカレンダーなんてあるのね〜」

「ホワイトボードがカレンダーになっているの？　オシャレね！　社長、あんた、やるじゃない！」

「的確な返事」は、あいづち以上に、「あなたの話をしっかり聞いているわよ」という強力なメッセージになります。これが、マツコさんのすごいところだと思います。

それからマツコさんは「間」のとり方が絶妙です。

相手の話のあと、必ず「1秒」の間をとってから返します。これによってマツコさんが「本音」で話しているのが伝わってきます。

少し前になりますが、柔軟剤のCMの最後のシーンで、「マツコさん、どうですか？」と聞かれるのがありましたよね。それに対してマツコさんは一呼吸置く、というよりも、かなり「ためて」から、「いいと思う！」と答えるんです。

あの間は2秒か3秒ぐらいあったと思います。でもそれがセリフではなく、マツコさんが自分の頭で考えて本音で「いいと思う」と言っている感じが画面から伝わってくるのです。あの「間」はすごいと思いました。

相手の話をしっかり受け止めて、お世辞など一切言わず、本音で答える——。

「大人の聞き方」ですよね。

でもそのベースの部分には、相手に対する思いやりや愛があるから、誰もがマツコさんに魅了されてしまうのだと思います。

あの徹子さんから話を聞き出したスゴ腕「聞く力」の持ち主
阿川佐和子さん

私が『徹子の部屋』の熱心なウォッチャーであることはすでに述べましたが、その徹子さんが、ご自分のことをしゃべらされている「神回」を目撃してしまいました！

その神ゲストこそが、誰あろう、阿川佐和子さんです。いわずと知れたベストセラー『聞く力』の著者です。

阿川佐和子さんはお父様の阿川弘之さんについて書かれた本を出版されていますが、その本のことがその日のテーマでした。

もちろん徹子さんは、阿川さんのお父様についての質問をします。ところが阿川さんはご自分のお父様の話を簡潔にしたあと、「徹子さんのお父様はどうだったのですか?」と話を振ったのです。

すると徹子さんはご自分のお父様の話をしますよね。そこにまた阿川さんがどんどん質問して話を聞き出すのです。

「うちはあなたのところと違って、一度も怒られたことがないのよ」

「父は母のことが大好きで、いつも『ママはどこ?』と聞いていたのよ」

ここは『サワコの朝』(阿川さんのインタビュー番組)かと、思わず突っ込みを入れたくなりました(笑)。

徹子さんはご著書でこそ、ご家族について触れられていますが、テレビでお父様のことを話しているのは非常に珍しいと思います。

阿川さん、すごいと思いました。自分の話をするために来たゲストが、徹子さんから家族の話を聞き出したというのは、『徹子の部屋』史上、まれに見る出来事だったのではないでしょうか(もちろん私の知る限りですが……)。

私の勝手な推測ですが、あれは阿川さん流のテレ隠しだったように思うのです。「私は十分話させてもらったので、次は徹子さんの番ですよ」という、「譲り合いの精神」から出たものではないでしょうか。

年上の方に失礼かもしれないけれど、阿川さんの育ちの良さを感じられた一件でした。

阿川さんの聞き方は、本当に性格そのまま、素直でとても感じがいいと思います。姿勢がいいし、相手の顔をきちんと見て話されます。

お父様の弘之さんはとても厳格でよく怒鳴る方だったそうですが、もしかしたらそこから「相手の話をきちんと聞く」という態度が培われたのかもしれません。

じつは私も父がとても怖い人で、本当によく怒鳴られて育ちました。父の気が済むまで話を聞かないと機嫌が悪くなるので、知らず知らずのうちに「人の話を最後まで聞く」習慣が身につきました。だから阿川さんとは共

通点があり、勝手に親近感をもっています。

阿川さんと私が「『聞く力』対談」をしたら、どちらがより「聞く力」を発揮して、相手の話を聞き出すでしょうか……？　どちらも「あなたがどうぞ」「あなたが話して」の譲り合い？　いえ、おそらく私が阿川さんの「聞く力」に圧倒されて、気分よく自分のことをペラペラしゃべってしまいそうな気がします……。

人気司会者の人気の理由は「聞く力」
中居正広さん、井ノ原快彦さん

中居正広さんもマツコさんと同じで、あまりあいづちを打ちません。じっと黙って耳を傾け、相手が話し終わってからコメントします。

「それはこういうことだよね」

「そこは俺もわかるなぁ」

やはりしっかりと返事をします。これもマツコさんと同じで、相手の話を本当に理解していないとできないワザです。中居さんのことは『話し方の教科書』にも書きましたが、レギュラー番組の一回一回を軽く流さず、常に真剣勝負しているのだと感じています。

ジャニーズつながりですが、朝の番組のＭＣで人気を博したイノッチこと井ノ原快彦さん。表情に思い切り「いい人」があらわれていますよね。

この方も間違いなく「聞き上手」です。

誰の話もしっかり聞いてくれて、受け入れてくれるような寛容さも感じます。でもちゃんと自分の意見はもっているし、有働由美子さんのフォローも完璧。

「俺が俺が」というところがまったくありません。これこそが朝の番組にふさわしく、主婦や女性ファンから絶大な支持を受けている理由でしょう。

あいづちテクニックも自由自在の「池上無双」

池上　彰さん

池上さんの「聞き方」はある意味で「確信犯」です。

池上さん司会の選挙番組は他局を押しのけて視聴率トップを誇りますが、その理由のひとつが池上さんと候補者との、時にスリリングなやりとりだと思います。

「池上無双」と呼ばれる、候補者をタジタジにする突っ込みが有名ですが、じつは聞き方、あいづちテクニックも「無双」なのです。

まず池上さんは候補者の話を黙って聞きます。あいづちも打たず無音で、相手が言いたいことを言い終わるまで、よけいな「音」を差し挟みません。

しかし、「その話はもう十分」というときに「はい、はい」とあいづちを打ちます。すると候補者は「あっ、もう時間なんだな」とハッとして話を切り上げる。

限られた時間を、あいづちで上手にコントロールする術を使っているのです。

それから池上さんといえば「それはいい質問ですね」のフレーズが有名です。流行語大賞にもなりましたね。

これは「聞き方」としても本当にすばらしい、「スゴ技」だと思います。

なぜならば、質問する側は「こんなことを聞いていいのかな？」「つまらないことを聞いちゃったかな？」と不安なものです。そこを「いい質問ですね」とほめてもらえると、ホッとするし、嬉しくなります。

私もこれを参考にさせてもらって、講演会で聴者の方から質問されたときは、質問をしていただいたこと自体に謝意を示します。

「なるほど！　それはいい質問をいただきました。ありがとうございます」

「その着眼点はすごいですね」

こういうと、質問した人は必ず笑顔になってくれます。

池上さんの番組は「聞く力の教科書」としても、とても参考になります。その観点から観ていただくのもいいと思います。

（特別付録）4

魚住式「聞く力」50のコツを一挙公開！

（コツ）▼01
話を聞くときの基本中の基本は「笑顔」。口角を上げて聞くだけで、自然な笑顔がつくれる。

（コツ）▼02
相手の話には、ちょっと多めに笑う。含み笑いではなく、きちんと声に出すと好印象になる。

（コツ）▼03
話す割合は「相手7：自分3」が理想的。「自分の話が少ないかな？」と思うくらいでちょうどいい。

（コツ）▼04
相手の名前を覚えて、会話に挟むと好印象になる。名前は、友人や芸能人と「関連付けて」覚えよう。

コツ▼05 相手を「ほめる言葉」「気遣う言葉」を挟みながら聞くと、好印象をもってもらえる。

コツ▼06 「相手の話を受けてから話す」クセをつけよう。最後まで聞いてから話すだけで、印象は全然違う。

コツ▼07 人は誰でも「自分の気持ちに共感してほしい」もの。「共感している」ことが相手に伝わるように聞こう。

コツ▼08 前回の会話の内容を覚えておき、さりげなく出すと「気にかけていてくれたんだ」と、好感度はグッと上がる。

コツ▼09 話を盛り上げたいときは「高く、速く」、相手を落ち着かせるときは「低く、ゆっくり」あいづちを打つ。

コツ▼10 「黙ってうなずく」あいづちが、最も基本＋おすすめ。言葉に出さず、しっかりうなずくだけで、感じがよくなる。

コツ▼11 ほとんどの人は、あいづちのテンポが速すぎる。「1秒」置いてあいづちを打つだけで、会話が落ち着く。

（コツ）▼ 12 相手の言葉を「繰り返す」「言い換える」ことで、「自分の話を聞いてくれている」と思ってもらえる。

（コツ）▼ 13 「言葉」だけでなく「感情」を込めることで、相手の心をグッとつかむあいづちになる。

（コツ）▼ 14 できるだけ相手の話は否定しない。反論するなら、「そうですね」といったん受け止めてからにする。

（コツ）▼ 15 上達の第一歩は「自分のあいづちのクセ」を知ること。同じあいづちばかり打ちがちなので、録音して聞いてみよう。

（コツ）▼ 16 聞くときは体を相手に向け、上半身は揺らさない。少し前かがみの状態で、手は相手が見えるところに置こう。

（コツ）▼ 17 足組み・腕組みは「拒否感」が出るので避ける。どうしても足を組みたいなら、相手に体が向くようにしよう。

（コツ）▼ 18 髪の毛いじり、貧乏揺すり、相手を指さすのは、デメリットしかないので、もちろんNG。

コツ▼19 話を聞くときの目線は、相手の目よりも、眉間や眉毛、目の上下、おでこ、鼻など「目以外の顔のどこか」がおすすめ。

コツ▼20 仕事もプライベートも「コの字」に座るのが理想。無理な場合は、横並びに座り、正面は避けよう。

コツ▼21 食事中は、相手が話している間は食べずに聞き、相手が食べはじめたら、こちらも食べる「シンクロ」が基本。

コツ▼22 スマホを見ながら、人の話を聞くのは論外。悪気がなくても「無関心」「話が退屈」という印象を与える。

コツ▼23 相手の話に「質問の速さ×声のトーン」を合わせる。質問も「速く高い声」と「ゆっくり低い声」を使い分けよう。

コツ▼24 「いい質問」には、事前の準備がとにかく大切。相手のSNSを見たりして、話のとっかかりにしよう。

コツ▼25 質問は「具体的に」聞くのが最大のコツ。話を深めるための「深掘り質問」も用意しておこう。

(コツ)▼26 知っている話でも「あえて知らないふり」をする。そうすると、「さらに新しい情報」が聞き出せる。

(コツ)▼27 事前の準備はするけど、情報が古い可能性もある。事前情報にとらわれすぎず、「いま」の話を大切にする。

(コツ)▼28 「聞きにくい質問」は、まずは一般論として聞く。「自分の話」を先にすると、話してくれる確率が上がる。

(コツ)▼29 本当に聞きたい質問は、いきなりそれを聞かず、「周辺質問」など聞きやすいところから聞いていく。

(コツ)▼30 会話を盛り上げようと思ったら、相手が「イエス」「ノー」で答えられない質問をしよう。

(コツ)▼31 相手の話が長いときは、「息つぎのタイミング」を狙う。「高く、速く、大きく」カットインして話に区切りをつけよう。

(コツ)▼32 一方的に話す人は、「あいづち」でコントロール。相手が話す間は「無言」、切り上げるときに「はい」と言う。

コツ▼33 自慢話が多い人への対処法は簡単。「すごいですね」「さすが」と話に乗ってあげる。

コツ▼34 相手の話が難しい、内容がわからないときは、「教えてください」の姿勢で、勉強の機会にしてしまおう。

コツ▼35 相手の話がつまらなくても、「人生の先生」と思って聞くと、意外な発見がある。

コツ▼36 気難しい人、感じが悪い人は、ほめまくるのが基本。「相手を理解している」のを態度で示し、警戒心を解く。

コツ▼37 怒っている人には、まず怒りを十分に吐き出させる。怒りに共感し「ゆっくり、低い声」で話すと、相手も落ち着く。

コツ▼38 無口な人にも、好きなことや得意ジャンルがある。相手の得意分野の質問をして盛り上げよう。

コツ▼39 愚痴や悪口ばかり言う人からは、上手に逃げる。自分の話にしたり、声の高さとエネルギーでコントロールする手も。

コツ▼40 下ネタ・セクハラは、上手にスルー。笑顔を見せつつ、視線を外し、次の話題に移ろう。

コツ▼41 年長者の話は、あとあと効いてくることも多い。「生きるヒント」にできないか、我慢して聞いてみる。

コツ▼42 苦手な人の話は受け流し、無理に組み合わない。話す時間をなるべく短くして、1対1にならない工夫を。

コツ▼43 商談では、最初は仲良くなり、土台づくりを目指す。相手に話をさせて、自分の話は2〜3割に留める意識を。

コツ▼44 会議では「高い声の短い一言」で割り込み、そのあとで「自分の意見」を述べるようにしよう。

コツ▼45 相談・悩み事では、まずは相手に吐き出させる。アドバイスより、相手の気持ちに共感するのが大切。

コツ▼46 電話では、口角をきちんと上げて「低めの声」を意識。相手の顔が見えないので、あいづちは少し多めに打つ。

コツ▼47
飲み会・合コンでは、話していない人に話を振って、全体を盛り上げる。そういう人が結果としてモテる。

コツ▼48
接待では、相手の偉い人と主に話をしつつ、部下に当たる人とも、しっかりアイコンタクトをとる。

コツ▼49
面接では、大きな声で明るく滑舌よく、しっかりうなずく。質問はとにかく準備を。

コツ▼50
部下には「低い声×ゆっくり」で親分肌の印象を、上司には「低い声×速く」で知的なデキる印象を与える。

おわりに

本書を最後までお読みいただき、ありがとうございました。心からお礼申し上げます。

本文にも書きましたが、『話し方の教科書』を出版して以来、私の仕事の幅はとても広がりました。メディア関係の仕事だけでなく、全国各地の講演会やイベントなどに呼んでいただくことも増え、そこで本当に多くの人とお会いして、話を伺いました。

すると、**みなさん「同じこと」に悩んでいらっしゃる**のです。

それは**「話下手で会話が続かない」「口下手だから話が弾まない」**というもの。また
これは私が主宰する「魚住式スピーチレッスン」の生徒さんからもよく聞くことです。

本書は、そうしたみなさんの声から生まれたものです。

どなたも「私は話が下手なんです」「口下手なんです」とおっしゃって、「会話を続けるための話し方を教えてください」と質問をいただくのですが、それが重なるうちに、

ふと気づきました。

それは**「話下手」と「会話下手」は違う**ということ。

みなさんが求めているのは、「上手な話し方」というよりも、「会話術」「コミュニケーションスキル」なんですね。

コミュニケーションをとりたいなら、自分が一生懸命、話をするだけではダメなのです。

「自分の話し方が下手だから会話が弾まない」のではなくて、「相手の話をきちんと聞けない」から、話が弾まなかったり、会話が続かなかったりするのです。

話を弾ませるためには、「話す」のではなく「聞けば」いいのです。

「上手な話し方」のためには発声練習や呼吸法などの「準備」が必要ですが、「上手な聞き方」には本当に何の準備もいりません。本書では50のコツを紹介しましたが、最低でも「笑顔でうなずいて聞く」、これをするだけでも全然違います。

「聞く力」を身につけるだけで話がグッと盛り上がるし、「この人とまた会いたい」と思ってもらえるのです。そう、「きちんと聞けばよかった」だけなんです。

本書の製作に取り組みながら、改めてまわりを見渡してみると、「聞き下手」で損をしている人があまりに多いのに驚きました。

これからの時代、「自分が自分が」という「プレゼン型」の戦術では成功しないと思います。それよりも、**相手が胸襟《きょうきん》を開いてつい本音を話したくなる、相手に楽しんでもらって「また話したい」と思ってもらえる「おもてなし型」のコミュニケーションこそが重要**ではないでしょうか。

それができる人が、結局はビジネスでも人間関係でもうまくいきます。

私のまわりの成功しているビジネスパーソンは、ほとんどが話の聞ける人です。

就活の面接だって、「面接官の話を聞いて答える」ことが大切で、一方的なプレゼン能力よりも、コミュニケーション能力が問われているのだと思います。

そして「聞ける人」は、友人にも恵まれています。「聞き上手な人が結局、まわりに好かれる」というのは、誰もが納得する真理ではないでしょうか。

「話す」のではなく「聞く」。

このシンプルなことが、人生における最大の成功法則だと私は思っています。

本書は、いままで自分が半ば無意識にやってきたことを「言語化」する作業でした。スキルが確立していた『話し方の教科書』のとき以上に時間と労力がかかりましたが、編集スタッフのみなさんの力も借りながら、1冊にまとめあげることができました。苦

▼

「話す」よりも「聞く」。それこそが、人生における最大の成功法則

労した分、かなり充実した内容になっていると自負しています。

本書が、みなさまの人生をより豊かなものにするために、少しでもお役に立てば幸せです。

魚住りえ

2017年4月

【著者紹介】

魚住りえ（うおずみ　りえ）

フリーアナウンサー。ボイス・スピーチデザイナー。

大阪府生まれ、広島県育ち。高校時代、放送部に所属。在校中、NHK杯全国高校放送コンテスト朗読部門で、約5000人の中から第3位に入賞。

1995年、慶應義塾大学文学部仏文学専攻を卒業し、日本テレビにアナウンサーとして入社。報道、バラエティー、情報番組などジャンルを問わず幅広く活躍。代表作に『所さんの目がテン!』『ジパングあさ6』（司会）、『京都心の都へ』（ナレーション）などがある。

2004年に独立し、フリーアナウンサーとして芸能活動をスタート。とくに各界で成功を収めた人物を追うドキュメンタリー番組『ソロモン流』（テレビ東京系列）では放送開始から10年間ナレーターをつとめ、およそ500本の作品に携わった。各局のテレビ番組、ラジオ番組、CMのナレーション等も数多く担当し、その温かく、心に響く語り口には多くのファンがいる。

また、およそ25年にわたるアナウンスメント技術を活かした「魚住式スピーチメソッド」を確立し、現在はボイスデザイナー・スピーチデザイナーとしても活躍中。

声の質を改善し、上がり症を軽減し、相手の心に響く「音声表現」を教える独自のレッスン法が口コミで広がり、「説得力のある話し方が身につく」と営業マン、弁護士、医師、会社経営者など、男女問わず、さまざまな職種の生徒が通う人気レッスンとなる。現在は、定期的に募集を行い、スクールでレッスンを行っている。

初の著書『たった１日で声まで良くなる話し方の教科書』（東洋経済新報社）は15万部を超えるベストセラーになっている。

魚住式スピーチメソッド：http://www.rie-speech.jp/

たった1分で会話が弾み、印象まで良くなる聞く力の教科書

2017年5月4日発行

著　者――魚住りえ
発行者――山縣裕一郎
発行所――東洋経済新報社
〒103-8345　東京都中央区日本橋本石町 1-2-1
電話＝東洋経済コールセンター　03(5605)7021
http://toyokeizai.net/

装丁&ブックデザイン…上田宏志〔ゼブラ〕
イラスト…………岸潤一
ＤＴＰ…………アイランドコレクション
カバー&本文写真…田川智彦
ヘアメイク……畑野和代
編集協力………高橋扶美
編集アシスト……上岡康子
校　正…………佐藤真由美／加藤義廣／田中順子
印　刷…………ベクトル印刷
製　本…………ナショナル製本
プロモーション……笠間勝久
プロモーション協力…山中美紀／桑原哲也
編集担当………中里有吾

ISBN 978-4-492-04610-4